왕초보 천수경 박사 되다

성법스님 지음

민족사

왕초보 천수경박사 되다

머리말

　지구의 탄생은 약 50억 년 전이고, 인류의 출현은 학설마다 편차가 크지만 대략 20만 년 전후라고 합니다. 인간이 서로의 의사소통을 위해 언어를 사용하기 시작한 지 얼마나 오래 되었는지는 모르지만 문자의 사용은 고고학적으로 유추할 수 있습니다.

　지금은 지구상에서 가장 골치 아픈 지역인 이라크의 티그리스와 유프라테스 강을 중심으로 한 수메르 문명은 기원전 5,000년경에 이미 농경을 시작하였고, 기원전 3,000년경에 이미 그림문자를 거쳐 상형(象形)문자를 사용하였습니다. 한편 역시 기원전 3,000년경 인도대륙의 서북부

인더스 강 유역과 지금의 파키스탄인 모헨조다로를 중심으로 또 하나의 문명이 발생하는데 이를 인더스 문명이라고 합니다.

그런데 문자로 일상생활의 기록은 물론 사상이나 철학을 단편적으로 남기기 시작한 지는 이보다 훨씬 후대인 기원전 1,200년경이라고 추정합니다. 그리고 종교적 사상의 원형이라고 할 수 있는 최고(最古)의 성전(聖典)은 인더스 문명의 영향으로 저술된 리그베다(Rig-Veda)를 시작으로 한 몇 가지의 베다(Veda)입니다. 현존하는 종교 중 가장 오래된 종교인 힌두교가 바로 이 베다를 중심으로 형성된 것입니다. 그 후 힌두교의 사성제 계급제도나 신들을 섬기는 등의 행위에 반대하는 불교가 기원전 600년경에 등장하게 됩니다.

불교의 등장으로 인류는 그전과는 전혀 다른 차원의 정신적인 세계를 경험하게 됩니다. 새로운 세계란 바로 '깨달음'이라는 인간의 정신적 능력의 궁극의 경지를 말합니다. 또한 불교는 그 어떤 종교와 비교할 수 없을 정도로, 그양과 질에서 정교하고 깊이 있는 경전들이 있습니다. 이런연유로 불교를 믿는 신도들도 때론 불교가 너무 어렵다고말합니다.

맞습니다. 깨달음은 너무나 멀고 이해하기도 결코 쉽지않습니다. 하지만 우리는 깨달음을 향해 발길을 옮기기만해도, 마음의 안락은 물론 대자유를 느낄 수 있습니다. 세상에 이토록 매력적인 종교나 사상이 또 어디 있겠습니까?

high는 '높다'라는 말이고, way는 '도로'라는 말이라서, 저는 두 단어를 합친 highway는 사전을 찾아볼 것도없이 당연히 고가도로를 뜻한다고 생각했었습니다. 경부고속도로를 처음 달리며 표지판에 적힌 highway라는 단어를 보고서야 비로소 high가 높이가 아닌 속도를 의미할 수도 있다는 것을 알게 되었습니다. 말이나 언어란 이처럼 관념보다는 관습의 영향을 받을 수가 있습니다.

여러분은 가능하면 이미 축적된 관념과 선입관을 배제하시고 이 책을 대해주셨으면 합니다. 그리고 이 책에도 제가 어려서 highway를 착각했듯이 해석의 오류가 있을 수도 있으니, 다른 분이 해설하신《천수경》도 함께 읽으시길 권합니다.

책의 집필을 반쯤 마쳤을 때 어머니가 세상을 떠나셨습니다. 출가했다는 것을 핑계로 불효하던 제 죄책감이 커서, 속가의 형이 아니었으면 아직도 원고를 마무리하지 못했을 것입니다. 책이 나오기까지 너무나도 꼼꼼히 신경을 써주신 민족사 윤창화 사장님께 감사드립니다.

2008년 11월

無說說堂에서 저자 성 법

차례

1장

천 개의 손과 눈을 가진
관세음보살

천수경은 어떤 경전인가?

《천수경》은 한국불교의 모습을 담고 있는 가장 전형적인 경입니다.

이 시간에도 어느 절에선가는 필시 이 《천수경》을 독송하고 있을 정도로 애송(愛誦)되는 경입니다. 불교의 거의 모든 예식(禮式)에 《천수경》은 빠지지 않기 때문에, 출가를 하면 가장 먼저 외워야 하는 경도 이 《천수경》입니다. 또한 한국의 모든 절에서 새벽예불을 올리기 전, 도량을 정적(靜寂)으로부터 깨우는 도량석(道場釋) 역시 《천수경》을 독경(讀經)합니다. 한국의 모든 절들은 《천수경》으로 일과를 시작한다고 해도 과언이 아닙니다.

또 대장경에 수록된 대승경전은 대체로 단번에 만들어

진 것이 아니라, 상당한 시간이 경과하면서 내용이 가감(加減) 혹은 여러 가지 형태로 편집되어 오늘날에 이른 것입니다. 대승경전의 꽃인 화엄경과 법화경 역시 지금의 틀을 갖추는 데 200~300여 년이 걸렸다는 것이 정설입니다.

《천수경》은 이 두 경전에 비하면 분량으로는 거의 비교 대상이 될 수 없지만, 그 내용이 지금의 모습을 갖추는 데 걸린 시간만으로 보면, 결코 두 경에 뒤지지 않을 정도로 많은 시간에 걸쳐 다듬어진 경전입니다.

《천수경》의 원형(原形)은 당나라 때인 650~655년경, 서인도에서 중국으로 온 가범달마(伽梵達摩)가 한역한《천수천안 대비심 다라니(千手千眼 大悲心 陀羅尼)》라는 경 등에서 확인할 수 있습니다.

그런데 대장경에는 이와 유사한 내용과 이름의 경전이 대략 열 가지 정도가 됩니다. 그리고 대부분은 지금의《천수경》보다 내용이 방대하게 구성되어 있습니다.

말하자면 우리들이 현재 대하는 짧은 형태의《천수경》은 관세음보살과 신묘장구 대다라니의 두 축을 중심으로 우리나라에서 재편된 독특한 경전인 것입니다.

대장경에 수록된 그대로의 경전은 아니더라도, 오히려 암송하기에는 좋게 압축된 신행을 위한 '맞춤경'이라고 할

왕초보 천수경박사 되다

수 있습니다.

　더욱 의미 있는 사실은《천수경》의 언해(諺解)가 존재한다는 것입니다.《천수경언해(千手經諺解)》라는 이름의 판본에《천수경》초반부의 진언을 한글로 표기하였고, 1476년(성종 12)에 간행된《관음보살주경언해(觀音菩薩呪經諺解)》는 앞의 언해본과는 표기가 다르긴 하지만 지금의《천수경》과 직접 연관이 있는 판본들입니다. 언해로 된 판본이 존재한다는 것은 상당한 의미가 있습니다.

　언해란 한문으로 된 원전을 한글로 번역하는 일인데, 이 같은 일은 왕의 의지가 없이는 불가능한 작업임은 물론이고, 이 언해본을 통해 그 당시의 식자(識者)뿐만 아니라 일반 백성들도 접할 수 있게 된다는 경전의 대중화 작업이기도 한 것입니다.

　세종이 한글을 창제하였으니 이 언해본들은 세종 이후에 번역된 것임은 두말 할 필요가 없습니다.

　실제로 1443년(세종 25)《고금운회(古今韻會)》의 언해를 시작으로, 1461년(세조 7) 간경도감을 두어《능엄경언해(楞嚴經諺解)》,《법화경언해(法華經諺解)》등 10여 권의 불경을 언해하였습니다. 지금의《천수경》의 모태(母胎)는 이미 거론하였듯이, 언해의 작업이 국책으로 실시되었던

1476년(성종 12)에 간행된《관음보살주경언해(觀音菩薩呪經諺解)》라 해도 될 것 같습니다.

그 후 1712년(숙종 38)과 1762년(영조 38)에 간행된《관세음보살 영험약초(觀世音菩薩 靈驗略抄)》에는 한문 해제가 붙은 신묘장구대다라니가 실리게 되는데,《천수경》이 신묘장구 대다라니를 설하기 위한 경이라는 사실을 중요시한다면, 영조 때의 이 간행본이《천수경》의 전형(典型)을 갖춘 최고(最高)의 본이라 할 수 있습니다.

정리하자면《천수경》은 고려 후기에 유통되기 시작하여 조선 중기에 완성된, 한국불교의 정서를 대변하는 경인 것입니다.

이렇게 오랜 기간을 거쳐 완성된《천수경》은 원래의 경명이,《천수천안 관자재보살 광대원만 무애대비심 대다라니경(千手千眼 觀自在菩薩 廣大圓滿 無碍大悲心 大陀羅尼經)》입니다.

경명의 '천수'는 천 개의 손을, '천안'은 천 개의 눈을, '관자재보살'은 관세음보살을, '광대원만무애'는 중생을 구제해주시는 관세음보살님의 위신력(威神力)과 대자비를 뜻하고, '대다라니'는 신묘장구 대다라니를 말하는 것입니다.

즉, 관세음보살님께 의지하여 고통스러운 세상사에서

벗어나고자 하는 불교도들의 간절한 소망과 자신의 잘못에 대한 절절한 참회, 그리고 관세음보살에 대한 서원은 내 개인적인 이익이 아닌 모든 중생들을 위한 것이며, 나와 남의 고통과 기쁨이 한 덩어리라는 동체대비(同體大悲) 사상의 결정판이 바로 이《천수경》인 것입니다.

그런 의미에서 출가자인 저를 비롯해 독송하는 모든 신도들에게《천수경》은 공기나 물과 같은 경입니다. 그러니 당부하건대 앞으로는 입으로만《천수경》을 암송하지 말고, 그 뜻을 새겨 실천을 하고자 하는 마음을 일으키는 것이 불교공부의 시작임을 상기하시기 바랍니다.

천 수 경

정구업진언 淨口業眞言

| 입으로 지은 죄를 깨끗이 하는 신비의 말 |

수리 수리 마하수리 수수리 사바하

(길상존이시여, 길상존이시여, 큰 길상존이시여, 최고의 길상
존이시여)

업業 — ●

업이란 말부터 해설을 시작합니다.

　저는 초등학교 때 외할머니로부터 처음 이 '업'이란 말
을 들었습니다. 외할머니는 마음이 심란하실 때마다 "내

　　　　　　　　　　　왕초보 천수경박사 되다

전생에 무슨 업을 이리 많이 지었기에…"라고 하셨습니다. 그래서 저는 불교를 알기는커녕 코흘리개 어린 시절에 이미 '아, 업이란 게 좋은 것은 아니구나'라는 생각이 머리에 각인되었습니다. 아마 여러분도 십중팔구 '업'하면 부정적인 이미지가 먼저 떠오를 것입니다.

그러나 그렇지 않습니다. 업은 선악을 구별하는 도구가 아닙니다. 단지 내가 일으킨 모든 말과 행동 심지어는 생각까지 포함하여, 그 얻어진 결과를 일컫는 말입니다. 긍정적이든 부정적이든 다시 그 결과(업)가 다른 과정을 거쳐, 또 다른 결과(업)를 만드는 것이 업의 작용이며 업의 본질인 것입니다.

제 외할머니가 말씀하신 업은 단지 그 시간대를 현재에서 전생으로까지 늘렸을 뿐입니다. 그렇다면 당연히 미래에도, 또 사후에도 업은 작용하는 것입니다.

그런데 이 업은 사람의 힘으로는 도저히 어찌할 수 없는 작용이 결코 아닙니다. 실제로 업의 대부분은 내 의지에 의해 언제든 바뀌거나 바뀔 가능성이 있습니다.

세기적 명지휘자인 카라얀이 '신이 내린 목소리'라고 극찬한 세계적인 소프라노 조수미의 성대를 의학적·물리적인 측면에서 분석해 그 남다른 소리의 원인을 규명한 적이 있습니다. 역시 다른 사람과는 달리 선천적으로 그 목소리를 내기 적합한 성대의 구조를 갖고 있었습니다.

조수미의 창법은 콜로라투라(coloratura : 18~19세기 오페라의 아리아 등에 즐겨 쓰인 선율 또는 그 양식. 빠른 연속음이나 떨리는 음 등 고도의 기교를 통해 노래를 화려하게 장식하는 장르의 음악) 소프라노라고 하는데, 화려하고 변화무쌍하며 기교가 절묘한 발성법입니다. 조수미를 우리에게 친근하게 만들어준 모차르트의 오페라 〈마술피리〉 중 '밤의 여왕'은 콜로라투라의 음악적 성격과 이 창법의 아찔한 고음이나 기교를 만끽하게 합니다.

말하자면 조수미는 콜로라투라 발성에 딱 좋은 성대 구조의 업을 타고난 셈입니다. 물론 거기에 후천적 노력이라는 업이 더해져서 오늘의 조수미가 만들어진 것입니다.

조수미와 쌍벽을 이루는 세계적인 소프라노가 또 있습니다. 바로 홍혜경과 신영옥입니다. 그런데 이 두 소프라노의 창법은 조수미와 달리 리릭(lyric : 서정적인 소프라노. 보다 우아하고 품격 있는, 빠른 기교보다는 길게 이어지는 가락을 부르기에 적합한 음악의 장르) 소프라노 쪽입니다. 리릭 소프라노의 음악적 특징은 아주 서정적이고 편안하며, 고음이 콜로라투라에 비해 상대적으로 매끈하고 떨림의 기교를 자제하여 우아한 분위기가 일품입니다. 이 둘은 역시 리릭 창법에 맞는 목소리를 타고난 업이 있는 것입니다. 그러니 조수미와는 다른 업을 타고 난 셈입니다.

또, 이들의 대비되는 업은 홍혜경과 신영옥은 미국 줄리어드 음악학교 출신이고, 조수미는 이태리 산타체칠리아 음악학교 출신입니다. 그 업의 작용으로 홍혜경과 신영옥은 미국의 오페라 극장인 메트로폴리탄이 주무대이고, 조수미는 이태리 라 스칼라 극장에서 활약했습니다. 후천적인 인연의 결과로 결국 세계 정상의 소프라노들이 메트로폴리탄과 라 스칼라라는 음악의 양대 산맥에 서게 된 업이 이루어진 것입니다. 음악에 관심 있는 분들을 위해 사족을 붙이자면, 콜로라투라와 리릭을 다 소화해 낸 현존의 소프라노로는 마리아 칼라스 이후 20세기 최고의 소프라노라고 불리는 호주 출신의 조안 서덜랜드가 있습니다.

이렇듯 업은 어떤 결과뿐만 아니라, 또 다른 결과를 잉태하고 있는 현재 진행의 내가 책임져야 할 모든 것을 말하는 것입니다.

업이란 결국 이미 결정되어 이제는 어찌할 수 없는 무엇〔因〕에, 그럼에도 현재에 내가 할 수 있는 어떤 말과 행동

〔緣〕의 결과〔果〕라는, 우리 삶의 연속적 단면의 하나인 것입니다.

구업 口業 ─ ●

구업은 업 중에서 입으로 지은 업을 말하는데, 입으로 짓는 업 중 특히 말과 언어로 야기되는 결과나 행위를 일컫는 것입니다. 즉 욕을 한다거나, 악담을 한다거나, 거짓말을 한다거나, 선거 때 단골메뉴로 등장하는 경쟁 상대에 대한 흑색선전 같은 말을 구업이라고 하는 것입니다.

행여 입으로 짓는 것은 모두 구업이라 생각하면 어긋나는 게, 만약 첫사랑의 입맞춤이 너무 황홀하여 결혼하게 되었다면, 그 결혼의 업은 구업(口業)이 아니라 신업(身業)인 것입니다. 그 신업의 결과로 지금 행복하다면 그때의 입맞춤은 선업이고, 불행하다면 악업이라 할 수 있습니다.

그렇다면 《천수경》이라는 경전은 왜 입으로 지은 업을 깨끗이 하는 '정구업(淨口業)'으로 시작하고 있을까요.

《천수경》은 경전으로서의 위치가 참 독특한 경전입니다. 그 형식과 내용 전체에 한국불교의 특성인 통불교적(通佛敎的) 사상이 그대로 반영되어 있습니다.

이 문제는 앞으로 내내 밝혀 가도록 하겠습니다. 다만

왕초보 천수경박사 되다

지금은 당면한 '정구업'에 관련된 사항만 거론하도록 하겠습니다.

거의 모든 경전은 아시다시피 '여시아문(如是我聞)', 즉 '이와 같이 내(아난)가 (석가모니 부처님께) 들었다'로 시작합니다. 하지만 《천수경》은 입을 깨끗이 하는 진언으로 시작합니다. 다시 말해, 거룩한 부처님의 가르침을 독송하기 전에 마치 양치질을 하듯 입으로 지은 잘못을 정화하는 의식(儀式)을 하는 것입니다. 이것은 《천수경》이 다른 경전과는 달리 다분히 신도들을 위한 기도용으로 만들어진 것이라는 심증을 갖게 합니다. 실제 팔만대장경의 경전 목록에 《천수경》이라는 경은 없습니다. 우리나라의 불교가 만들어낸 신도들의 신행(信行)을 위한 걸작이 바로 《천수경》입니다.

그러니 《천수경》이 '정구업'으로 시작하는 것은 평소에는 허접스러운 말만 내뱉던 입으로 어찌 성스러운 말씀들을 읽어 가겠느냐 하는 일침의 의미가 담겨 있습니다. 곧 최소한 간단하게라도 마음의 양치질을 하자는 것이 '정구업'의 의미입니다.

진언 眞言 — ●

진언은 밀교(密敎)의 용어입니다. 거짓이 아닌 참된 말,

신비스러운 힘이 있는 말이라는 의미가 담겨 있습니다.

밀교는 비밀불교(秘密佛敎)를 줄여서 부르는 말입니다. 밀교는 불교가 발생한 지 거의 1,000년 후인 서기 7세기경에 이룩된 불교신앙의 한 형태입니다. 그 전 소승불교에서 대승불교가 태동하였듯이, 대승불교 이후에 밀교가 발전하게 된 것입니다. 대승불교의 핵심은 보살사상에 있고 그 수행을 보살도(菩薩道)라 하는데, 대승 이후의 밀교에서는 그 수행의 길을 금강승(金剛乘)이라고 합니다.

따라서 밀교의 금강승이라는 말은 통상적인 불교인 현교(顯敎)의 보살에 대응하는 말이라고 생각하시면 됩니다.

밀교의 소의(所依)경전은 《대일경(大日經)》과 《금강정경(金剛頂經)》입니다. 밀교의 교리를 요약하면, 신(身)·구(口)·의(意) 3밀(三密) 수행을 통해 이 몸 그대로 부처를 이루자는 즉신성불(卽身成佛)을 강조합니다. 다만 그 성불의 방법, 즉 수행의 방법이 현교와 다르다는 것입니다.

현교와 다른 수행 방법의 하나가 바로 진언 수행입니다. 예를 들어 밀교에서는 《천수경》에 나오는 진언 중 하나인 '옴 마니 반메훔'을 일념으로 지송하는 것만으로도 훌륭한 수행이라고 믿습니다. '옴 마니 반메 훔'뿐만 아니라 신묘장구 대다라니를 주력해도 마찬가지입니다. 실은 이《천수경》의 목적도 신묘장구 대다라니를 설하는 데 있습니다. 결국 《천수경》의 진언이나 신묘장구 대다라니를 암송하는 수행은 밀교 수행을 하는 것입니다.

그런데 진언과 다라니의 차이는 무엇일까요. 대체로 진언 중 비교적 긴 것을 다라니라 부른다고 알려져 있습니다만, 밀교의 대표적 소의경전인 《금강정경(金剛頂經)》에는 "마음의 삼매를 지속시켜주는 것을 다라니라 하고, 마음의 청정법성(淸淨法性)을 일깨워주는 것을 진언"이라고 구별하기는 합니다.

제 생각은 밀교가 워낙 대승불교의 말기에 시작된 불교 신앙의 형태이고, 그 경전 또한 초기의 불법과는 상당한 거리감이 느껴지는 것이 엄연한 사실인 만큼, 《금강정경》의 진언과 다라니의 구별에 큰 의미를 두어야 한다는 생각은 들지 않습니다.

어쨌건 정구업진언은 입으로 지은 죄를 깨끗하게 소멸시켜주는 힘이 있는 진언이니, 평소에 저처럼 함부로 말하거나, 남에게 험담이나 욕을 하고 부끄럽지 않게 여기는 사람들은 이 진언을 부지런히 외우셔야 합니다.

'수리 수리 마하수리 수수리 사바하'라고 말입니다.

오방내외안위제신진언 五方內外安慰諸神眞言

| 오방 내외의 모든 신들을 안위시키는 신비의 말 |

나무 사만다 못다남 옴 도로도로 지미 사바하

(법계에 가득한 부처님께 귀의합니다. 구제하시고 구제하시
어 원대로 이루어지이다.)

오방 五方 ─●

오방은 동·서·남·북 사방에 가운데인 중방(中方)을
합친 것을 말합니다.

이 오방에 다시 내외라 함은 곧 오방의 안팎인 공간적으
로 빈틈이 없는 모든 곳, 즉 우주 전체라고 생각하시면 됩
니다. 신도들을 통해 간혹 겪게 되는 이 방위와 관련된 너
무 예민한 반응을 말씀드립니다. 제가 지금도 가장 많이 받
는 질문 중 하나가, '이사를 가야 하는데 이 방향이면 괜찮
습니까?'라는 질문과 한술 더 떠 '이사 갈 운이 됩니까?'라
는 말입니다.

매년 발간되는 책력(冊曆)을 보면 그해 몇 살 되는 사람
은 어느 방향이 길(吉)하고 어느 방향은 흉(凶)하다, 어느

날은 길하고 어느 날은 흉하다고 표기되어 있습니다. 길흉의 판단 기준은 오행(五行)으로 목·화·토·금·수가 상생하느냐 상극하느냐를 보는 것입니다. 살(煞)이라는 것도 따지고 보면 그 근거가 이 범주에서 벗어나지 않습니다.

그러나 조금만 생각해 보십시오. 해외로 여행이나 출장 갈 때 운(運)을 보시는 분들은 거의 없을 것입니다. 우습게도 70년대 중반 중동에 건설바람이 일어 현장에 발령이 나거나, 현지에서 일하고 싶은 사람들에게(한국에서 받는 봉급의 두세 배는 족히 받았지요) '외국 나갈 운이 되나요?'라는 질문을 많이 받았습니다. 하지만 지금은 외국 가는 일이 다반사가 되었으니, 촌스럽게 운(運)을 따질 일이 아닌 것이 되고 말았습니다. 참 다행스러운 일입니다.

이사 방향과 택일의 경우도 마찬가지입니다. 과거 씨족사회에서의 이사란 곧 일가친척을 모두 등지고 떠나야 하는 평생에 한두 번 있을까 말까 한 중대사였습니다. 더욱이 농경시대의 이사는 삶의 경제기반 자체의 틀이 흔들리는 어려운 결정사안이었을 것입니다. 그러나 지금은 어디 그렇습니까?

전셋돈 올려 달래서 걸핏하면 쫓기듯 이사해야 하고, 자식들 진학 문제로 선택의 여지없이 이사해야 하고, 복부인들은 투기로 한몫 챙기려고 수시로 이사해야 하니, 이거 어찌 일일이 방향과 운을 따져가며 이사할 수 있겠습니까.

동기야 어찌 만들어졌건 이사 방향과 운에 지배 받지 않게 되는 것은 바람직한 일입니다.

여러분 중 이런 문제에 봉착했을 때, 제 설명이 이해는 가는데 그래도 무언가 불안하시다면, 이제는 이 오방내외 안위제신진언인 '나무 사만다 못다남 옴 도로도로 지미 사바하'를 암송하십시오.

신 神 — ●

신(神)에 대한 개념의 이해는 개인마다, 국가마다, 종교마다, 그 진폭이 그야말로 천양지차가 있습니다. 우리는 번개를 신의 행위로 믿었던 시대에서부터, 리처드 도킨스(Richard Dawkins : 1941~)의 주장처럼 신은 없고 모든 것은 유전자와 진화로 결정된다는 주장까지 함께 하는 세상에 살고 있습니다.

이것은 창조의 신이 모든 것을 설계하고 주관한다는 기독교와 같은 종교의 입장에서는 어처구니없는 도전으로 받아들여질 것입니다. 그럼에도 한편으로 다행스러운 일은 도킨스 같은 사람이 있는 한, 중세의 마녀사냥 같은 종교적

왕초보 천수경박사 되다

무모함이 현대에는 충분히 견제 받고 있다는 사실입니다.

그렇다면 불교는 이런 종교적 견제를 염려하지 않아도 될 만큼 자유로울까요? 결코 그렇지 않습니다. 불교는 명백히 신의 존재를 인정하지 않는 무신교(無神敎)입니다.

그런데 어느 때부터인지 슬그머니 전지전능한 신과 유사한 존재들이 불교의 중심에 자리 잡고 신도들은 그런 존재에 절대적으로 의지하게 됩니다. 인간의 나약함과 현실 타협이 수행으로 얻어질 성불(成佛)이라는 불교의 목적보다, 그 과정에서 어떤 것에 기대어 이득을 보자는 속셈이 더 노골화 된 것입니다. 이것을 기복불교라 하는데, 부처님을 격하시켜 자신의 욕심을 채우기 위해 신으로 받드는 잘못된 불교를 말하는 것입니다. 이런 현상은 전적으로 불교신도들에게 부처님과 불교 속에 등장하는 신들의 존재에 대해 제대로 인식시키지 못한 스님들의 잘못입니다.

불교에서 의미하는 신들은 힌두교의 영향을 받은 것은 분명합니다. 그러나 그 개념이 창조주격인 유일신이 아니라, 열심히 살아가는데도 불구하고 고통에서 벗어나지 못하는 중생들을 보살피는, 우리 곁에 항상 같이하는 선신(善神)으로서의 신들이 있을 뿐입니다. 《천수경》에 등장하는 신들도 모두 이런 선신들입니다.

신과 관련된 흥미로운 사실이 있습니다.

연세대학교의 설립자는 미국 장로교의 선교사인 언더우드(Underwood, Horace Grant : 1859~1916)입니다. 그런데 이 언더우드란 젊고 사명감 깊은 선교사에게 큰 고민이 생겼습니다. 기독교의 창조신인 신(God), 여호와(Jehovah), 야훼(Yahweh), 엘로힘(Elohim) 등과 같은 개념을 한국 사람들은 도무지 이해를 못한다는 것이었습니다. 즉 세상을 누군가가 창조했고, 인간도 그분이 창조하셨다는 말을 받아들이지 못해 선교의 가장 큰 문제라고 하느님, 아니 God께 간절한 기도를 올렸다고 합니다.

늘 그런 고민이 언더우드의 머릿속을 떠나지 않던 어느날, 그는 우리 한민족에게는 누구에게나 한얼님이란 존재 개념이 있다는 사실을 알게 됩니다. 그 후 언더우드는 기독교의 창조주신을 한얼님에서 나온 '하느님'과 동일시하며 선교하게 됩니다.

그 동기야 어찌되었건 초기에 선교를 '당한' 사람들은 말은 하느님이지만 그 뜻은 한얼님으로 God을 받아들이기 시작했으니, 언더우드는 외형적인 큰 성공을 거둔 것이 분명합니다. 이 기쁨을 언더우드는 그의 일기장에 써놓았는데, 언더우드 부인이 쓴 언더우드의 일대기에서 그 일기장

왕초보 천수경박사 되다

의 일부가 공개되었습니다. 언더우드는 이 한얼님을 하느님으로 대체시키는 '방편'이야말로, 신이 자신에게 준 최고의 축복이요 큰 은혜라며 눈물로 감사의 기도를 올렸다고 합니다.

이런 경우와 달리 유일신인 창조주를 도리어 깨달음의 종교인 불교의 공(空) 사상과 같은 개념으로 인식하는 신학자도 있었습니다.

그는 불교를 접할 수 있는 시대의 사람은 결코 아닙니다. 마이스터 엑크하르트(Meister Eckhart : 1260~1328)라는 독일계 신부이자 신학자가 바로 그 사람입니다. 그의 신에 대한 관념은 지금 보아도 가히 파격적입니다.

그 핵심을 소개해 드리면,

첫째, 하느님은 존재이며 비존재이시다.

하느님은 하나이시며 모든 것의 모든 것 되신다.

세계는 비존재이며 전체이다.

세계는 하나이며 많음이요, 영원하며 시간적이다.

둘째, 하느님은 세계에 대해 내재적이며 초월적이시다.

세계는 하느님께로 내재적이며 동시에 초월적이다.

셋째, 하느님과 세계는 완전히 상이하며, 또한 하느님과 세계는 완전히 동일하다.

이 당돌한 신학자가 주장하는 하느님의 정의에 대한 내용은 실제로 불교의 공관(空觀)이나 법신불(法身佛)의 개념과 다를 바 없습니다. 엑크하르트는 이단적 가르침을 퍼뜨린다는 혐의로 쾰른 종교재판에 회부되고 엑크하르트가 이에 불복, 교황 요한 22세에게 직소합니다. 결국은 엑크하르트는 판결을 기다리다가 죽고 그 1년 후 이단으로 단죄됩니다.

여러분도 믿는 종교와 상관없이 이번 기회에 신에 대해 좀 더 깊이 통찰해 보시길 권합니다. 불교신도라면 신과 부처님을 혼돈하지 말아야 하며, 기독교인이라면 성서의 God와 우리 고유의 한얼님을 혼돈하지 말아야 합니다.

오방내외안위제신진언 五方內外安慰諸神眞言 ─●

〈반지의 제왕〉이란 영화는 영화사에 기록될 만한 시리즈 대작입니다. 3시간이 넘는 상영 시간이 조금도 길게 느껴지지 않는 재미있는 영화입니다.

그런데 이 영화의 모티브는 북유럽에 전해오는 신화인데, 바그너(Wilhelm Richard Wagner : 1813~1883)는 이 신화를 〈니벨룽겐의 반지(Der Ring des Nibelungen)〉라는 장엄한 오페라로 만들었습니다.

바그너의 〈니벨룽겐의 반지〉는 2005년 4부작 전체가 우리나라에 연속 초연되었는데, 공연 시간이 무려 18시간이 넘는 작품입니다. 〈지옥의 묵시록〉이라는 월남전을 소재로 한 영화의 헬기 공격 장면의 배경음악이 바로 〈니벨룽겐의 반지〉 중 두 번째 작품인 '발퀴레'에 나오는 곡입니다.

고대 유럽과 그리스 등의 전설 속의 신들은 성격이 거의 인간과 다를 바 없습니다. 사랑하고, 질투하며, 욕심내며, 심술도 부립니다. 그런 면에서 본다면 동양의 신의 개념이나 기독교의 절대신의 개념은 이런 서구 신화 속의 신들과는 성격이 좀 다른 것 같기도 합니다.

이 정도에서 본래의 과제로 돌아오겠습니다.

이미 거론했듯이 불교에서의 신의 존재는 우리가 선입관을 갖고 인식하는 신과는 거리가 있습니다. 그래서 《천수경》에 거론되는 신들은 어떤 성격의 존재로 이해해야 할지 다시 한 번 정리하고자 합니다. 대승경전에 늘 등장하여 부처님 법문을 듣고 귀의하여 발원하고 불법을 지키는 옹호신과 《천수경》 속의 신을 같은 존재로 파악하시면 됩니다.

《천수경》에서는 불교의 온갖 신을 편안케 하는 진언을 '나무 사만다 못다남 옴 도로도로 지미 사바하'라고 합니다. 이 진언의 뜻은 '법계에 가득한 부처님께 귀의합니다,

구제하시고 구제하시어 원대로 이루어지이다'입니다. 이 진언을 지송해야 하는 이유는, 신묘장구 대다라니라는 큰 힘을 지닌 신묘하고 신비스런 말씀을 받아들일 준비를 독송하는 '나'도, 듣는 '시방의 신'들도 같이 하자는 것입니다. 즉 이 대목에서의 신은 비록 신이긴 하지만, 우리와 같은 중생과 더불어 불·보살님의 제도의 대상으로서 신을 말하는 것입니다.

개경게 開經偈

| 경을 펼치는 게송 |

《천수경》이라는 경을 이제 시작한다는 선언적 의미의 게송을 말합니다.

그리고 이 개경게는 《천수경》에 한해서 독송되는 것이 아니라, 모든 경을 독송하기 전에 해야 하는 게송이기도 합니다.

무상심심미묘법 無上甚深微妙法

| 더 없이 깊고 깊은 미묘한 진리의 법 |

왕초보 천수경박사 되다

가장 수승한 최상의 법이며, 이 법이 중생들이 이해하기에는 너무나도 귀하고 신비스러운 진리라는 뜻입니다.

법法 — ●

법이라는 단어는 일상적인 언어지만 불교에서 법의 개념은 아주 특별합니다. 절대적 진리라는 의미로, 통상적으로는 불법(佛法)을 지칭하는 것입니다.

세속의 법은 인간의 질서유지와 통제를 위해 상황에 따라 만들어지고 또 바뀌는 것입니다. 그러다 보니 때론 법 그 자체가 오히려 시비의 대상이 되곤 합니다.

지나가는 길에 영국의 〈더 타임〉지가 선정한 2007년 현재 현존하는 가장 이상한 법을 소개해 드리겠습니다.

· 프랑스 : 돼지에게 나폴레옹이라는 이름을 붙이는 것은 불법.

· 미국 버몬트주 : 여자들이 틀니를 끼기 위해서는 남편에게서 허가문서를 받아야 함.

· 바레인 : 남자 의사는 법적으로 여성의 성기를 진료할 수 있지만, 직접 쳐다보는 것은 금지되어 있고 오직 거울에 반사시켜 봐야 함.

· 미 플로리다주 : 결혼하지 않은 여자가 일요일에 낙하산을 타

면 감옥행.

- 영국 : 영국 왕이 그려진 우표를 거꾸로 붙이는 것은 반역행위.
- 영국 : 14세 이상의 모든 남자는 매일 2시간의 활 연습을 해야 함.
- 영국 : 갑자기 공공장소에서 소변을 보고 싶은 남자는 차량의 뒷바퀴를 조준하고, 오른손은 차를 만지고 있어야 소변이 허용됨.
- 영국 : 임산부는 어디서든 자신이 원하면 용변을 보도록 허용됨.
- 산살바도르 : 술 취한 운전자는 총살당할 수 있음.

이 외에도 세계 각국에는 상식을 벗어난 억지 법들이 있을 것입니다.

하기야 우리나라도 30여 년 전에는 남자가 장발을 하면 유치장 신세를 져야 할 정도로 가혹한 처벌을 받기도 했었지요. 무단 횡단하면 도로 변의 검문소에 설치되어 있는 둥근 쇠로 만든 삼각대 안에 한두 시간 민망하게 서 있어야 했습니다. 이런 법들이야 세월이 지나면 개정이 되는 경우가 있으니 애교로 봐 줄 수도 있습니다. 정작 심각한 것은 세상이 점점 법령(法令)에 의지해 법이 집행되는 것보다 권

왕초보 천수경박사 되다

력과 돈이 법 위에 군림한다는 것입니다.

권력과 돈이 있는 사람은 엄청난 잘못을 저질러도 사면 (赦免)과 복권(復權), 보석(保釋) 등 특별한 혜택을 볼 수 있는 길이 널려 있습니다. 그러나 가난한 사람들은 단순한 교통법규만 위반해도 벌금을 제때 내지 못하면 철창에 들어가 하루 일정액(3~5만 원)을 몸으로 때워야 합니다.

한편 여러분들은 실감하기 어렵지만 권력과 돈보다 더한 위세를 가진 실체적인 법이 있습니다. 바로 스님·목사·신부들이 누리는 종교집단이라는 울타리가 만들어주는 무소불위의 법이 그것입니다. 이들은 어지간한 범죄나 현행범이 아니면 구속수사를 받지도 않고, 더욱이 재판에 회부되어도 종국에는 십중팔구 무죄 판결을 받습니다.

절의 재산관리 문제나 명백한 공적인 잘못을 저질러 책임을 져야 할 스님들이 가끔 보도를 통해 세간에 알려지기도 합니다.

너무나도 민망한 상황으로 세상에 알려져, 앞으로도 쉽게 잊혀질 것 같지 않은 동국대학교 모 교수의 임용 시 문제가 된 학력위조 사건과 특정 사찰의 국고지원금의 타당성에 대한 위법 여부를 가리는 사건이 있었습니다. 연관된

두 사건의 당사자인 스님 중 한두 분은 누가 봐도 명백한 실정법 위반에 해당됩니다.

법률에 문외한인 제가 봐도 힘없는 일반인이라면 뇌물 수수나 직권남용, 변호사법 위반 등이 적용되어 구속 수사를 받아야 할 상황이었습니다. 그러나 법의 제재를 당한 스님은 한 분도 없었습니다. 도리어 스님들의 모임체는 종교적 탄압이라는 항의에 가까운 성명서를 서둘러 내었습니다. 그 후 이와 관련된 스님들의 잘못은 불교 내에서는 유야무야 되었지요.

그 중 한 스님이 유죄 판결을 받았는데, 그 사실이 보도된 후 한 신도가 제게 '그 스님 소임에서 물러나셔서 지금은 무얼 하십니까?' 하고 물어왔습니다. 저는 그 스님 아직 그 직함을 그대로 유지하고 있고, 달라진 것은 없다는 대답을 차마 못했습니다. 신도들에게 가장 강조하는 인과응보가 스님에게는 통하지 않은 경우를 어찌 제 입으로 말할 수 있겠습니까? 하긴 저도 분명히 승적이 있는 스님이니, 법을 능가하는 강력한 그 힘의 존재에 쾌재를 불러야 하는 건지도 모를 일이긴 합니다.

어쨌든 말도 많고 탈도 많은 게 세상의 법인데, 이 대목에서의 법은 이런 세속 수준의 법과는 견줄 수 없는, 어느

왕초보 천수경박사 되다

시공간에서도 적용되는 초월적 진리를 말하는 것입니다.

무상심심미묘법 無上甚深微妙法 ─ ●

무상심심미묘법은 법에다 '무상심심미묘'한 법이라고까지 덧붙여 놓은 위로 더없는 최상의 가르침을 말하는데, 불법(佛法) 공부도 짧은 제가 깊고 오묘한 미묘법(微妙法)을 설명해야 하는 난처한 처지가 되었습니다.

저는 2008년 현재 절밥 먹은 지 햇수로 정확히 30년째입니다만, 그 동안 귀에 못이 박히게 들어온 말이, '깨달음은 손바닥 뒤집듯이 쉬운 법'이라는 어른 스님들의 말씀입니다. 이 표현이 논리적으로는 맞을지 모르겠습니다. 하지만 맞는 말이라고 그것이 모두 세상에 그대로 적용되는 '법'은 없습니다.

말의 예를 들어 보면, '대한민국의 국민은 누구나 대통령이 될 수 있다'는 이 말 맞지 않습니까. 이 말이 세상에 그대로 적용된다면 그것이야말로 오히려 감당하기 힘든 일일 것입니다. 불법(佛法)을 모조리 깨치는 깨달음도 이와 마찬가지로, 말이 쉽다는 것이지 실제로 쉬운 것은 아닙니다. 오죽하면《천수경》에서 이러한 법(이치)이기에, 더 없이 깊고 깊어 미묘한 법이라고 강조했겠습니까.

그럼 무엇이 어떻기에 그토록 미묘(微妙)한 법이라 했는지를 알아보겠습니다. 불교에서 일컫는 법, 즉 불법은 나와 우주의 존재 모두를 아우르며 꿰뚫는 궁극의 진리를 말하는 것입니다. 얄팍한 지식으로 얻어지는 해박함이나 명상 등을 통해 얻어지는 제한적이고 순간적인 마음의 평안과는 비교조차도 될 수 없는, 실제적 체험의 최고 한계에 이른 경지를 말하는 것입니다. 흔히 자칭 타칭 한소식 했다 하는 수행자들도, 따지고 보면 그저 한두 가지 번뇌를 조복한 정도에 불과한 경우가 허다합니다.

　화두 몇 개 타파했다 해도 이 역시 '미묘법'의 견지에서 본다면, 마치 지구에서 달까지의 거리를 계산할 때 해수면이 아니라 에베레스트 산의 높이를 감안하자는 말과도 같습니다. 그리고 인간의 사고로는 설령 최고라 하더라도, 그 최고가 법계(法界) 전체에 통할 것 같지는 않습니다. 마치 지구에서 가장 빠른 육상선수가 달에서 열리는 달리기 시합에서도 반드시 우승한다는 등식이 성립될 수 없듯이 말입니다.

　불법(佛法)이 미묘법(微妙法)이라는 등식을 성립시키기 위해서는, 앞으로도 해설을 해가는 내내 고생을 해야 할 것 같습니다.

　　　　　　　　　　　왕초보 천수경박사 되다

백천만겁난조우 百千萬劫難遭遇

| 백천만겁이 지나도 만나기 어렵네 |

백천만겁이라는 무한에 가까운 세월 동안 내가 산다고 해도 부처님의 가르침을 읽고 들을 수 있는 인연을 만나기가 그토록 어렵다는 뜻입니다.

겁 劫 —

겁이라는 말은 그리 낯설지 않습니다. 찰나가 순간이라면, 겁劫은 찰나에 상대되는 '겁나게' 오랜 시간을 의미합니다. 겁이라는 시간 단위는 고대 인도의 시간 개념입니다.

얼마 전까지만 해도 인도 하면 땅 덩어리는 크고 인구도 엄청나지만, 무지하게 가난하고 낙후된 나라라고 생각해 왔습니다. 그러던 것이 불과 몇 년 전부터 IT산업(반도체, 인터넷, 이동통신 등 전자 정보통신 기술산업)의 세계적 전문가 중 다수가 인도 출신으로 알려지며, 그들의 새로운 면을 본받게 되었습니다. 구구단을 외우는 것이 아니라 12단~20단을 외우는 열풍도, 인도 공과대학에 관심을 갖게 된 것도, 따지고 보면 바로 겁(劫)과 연관되는 인도의 숫자 개념에 기인한 것입니다.

　인도에서 제2의 부처라 불린 용수(龍樹 : 150～250?, 인도의 불교학자로 대승불교의 사상적 근간을 이룸)라는 분의 저서 중, 《천수경》과 더불어 가장 대중화 된 경전으로《반야심경》의 원전(原典)인 《대품반야경》을 해설한 《대지도론(大智度論)》이란 주석서에 등장하는 겁(劫)에 대한 설명을 요약해 드리겠습니다.

　사방이 1유순(由旬 : 약 15㎞) 되는 성 안에 겨자씨를 가득 채운 후, 100년에 1알씩 집어내어 그 겨자씨가 다 없어지는 시간보다도 더 긴 시간. 반석겁(盤石劫)의 비유에 의하면 1모서리 길이가 1유순 되는 단단한 바위를 부드러운 면포(綿布)로 100년에 한 차례씩 닦아 바위가 완전히 닳아 없어지면 1겁

　이 정도면 도무지 감이 잡히지 않는 시간 단위인데, 대개 1겁을 4억 3200만 년이라고 한답니다. 그런데 《천수경》에서는 여기에다 '백천만겁'이라 했으니, 아예 계산은 포기하고 그냥 '영원히'라고 넘어가는 게 편할 것 같습니다.

　이처럼 영원히 만날 수 없을지도 모르는 귀한 법(法)을 나는 드디어 《천수경》에서 만났다는 뜻입니다.

왕초보 천수경박사 되다

아금문견득수지 我今聞見得受持

| 내가 이제 보고 들어 지니며 받드니 |

그토록 만나기 어려운 인연을 내가 바로 지금 듣고 배우게 되었다는 기쁨을 표현한 것입니다.

수지 受持 ─ ●

수지라는 말도 경전에 자주 등장하는 말입니다.

이 말은 좀 새겨둘 필요가 있습니다. 경전을 읽고 그 뜻을 새기는 것을 간경(看經)이라 하고, 보통 읽는 것은 독경(讀經) 혹은 독송(讀誦)이라고 합니다. 이 중에 간경을 으뜸으로 치는 이유는 독경이나 독송에 비해 경전의 내용을 잘 파악하고 소화하며 읽어가는 것이기 때문입니다. 참선, 염불과 더불어 간경이 유력한 수행법으로 인정받는 이유가 바로 이런 연유입니다.

그런데 이 '수지(受持)'라는 말은 간경보다 몇 걸음 앞선 용어입니다. 이해하는 정도가 아니라 그대로 실천하는 것을 수지라고 합니다. 신(身)·구(口)·의(意), 즉 몸과 말과 생각까지 '나'라는 존재의 모두가 오직 부처님의 가르침을 위하는 것이 바로 수지입니다. 그러니 함부로 들먹일 말이 아닙니다.

요즘은 친구 따라 난생 처음 절에 온 사람에게도 보살계(菩薩戒)를 받게 해주며 '수지하겠느냐?'라고 물어 보는 경우도 있습니다. 그러면 능히 지키겠다는 다짐의 말로 '능지(能持)'라고 대답해야 합니다. 드물긴 하겠지만 이런 경우에는 능지가 아니라 '억지'가 되어 버리기도 합니다. 이런 관점에서 보면 불교를 믿는 것과 불법을 수지하는 것은 차원이 다른 것입니다. 불교는 '믿는' 종교가 아니라 '수지'하는 종교가 되어야 합니다.

왜 수지하는 종교가 되어야 하는지 바로 연결해 말씀드리겠습니다.

원해여래진실의 願解如來眞實意

| 원컨대 부처님의 진실한 말씀을 이해할 수 있게 해주소서 |

그 어려운 부처님의 법을 만나 이제 원하오니, 부처님의 가르침을 내가 다 이해할 수 있게 해달라는 말입니다

개경게(開經偈) 중 바로 이 대목 '원컨대 부처님의 진실

왕초보 천수경박사 되다

한 말씀을 이해할 수 있게 해주소서'에서 불교는 단순히 믿기만 해서 되는 종교가 아니라, 이해는 물론 실천도 함께 해야 하는 종교임을 말하고 있습니다.

2005년 《21세기 붓다의 메시지》라는 책이 출간되었습니다. 이 책의 저자는 자재만현이란 스님인데, 이 분이 불교 TV에서 공개 법문을 하고 난 후, 법문의 내용에 대해 설왕설래 말들이 많았습니다. 그리고 저에게도 그 내용에 대한 의견을 묻는 불자들이 있어, 답변해주기 위해 그 책을 관심을 갖고 몇 번 읽었습니다.

자재만현 스님은 이 책에서 부처님으로부터 직접 성불했다고 인정받았다고 주장합니다. 그 주장이 만약 우리나라의 모든 스님들과 신도들이 인정할 정도의 사실이라면 우리는 생불을 친견할 수 있는 기회가 생기는 것입니다. 《천수경》에는 '백천만겁난조우'라고 부처님 법 만나기가 백천만겁을 살아도 어렵다고 했는데, 생불의 가르침을 직접 들을 수 있다는 것은 어지간한 복덕을 쌓은 중생들은 몇 번을 죽었다 깨어나는 정도로는 꿈도 꿀 수 없는 일이 분명한 것입니다.

자칭 생불의 가르침은 의외로 간단했습니다. 현재의 인간은 업장이 두터워 어떠한 수행력으로도 경지에 이르기란 불가능하니 업장을 소멸하고 이끌어줄 가피가 필요하다는 것입니다. 그리고 그 가피를 입는 방법은 조상에 대한 천도재를 반드시 지내야 한다는 것입니다. 그것도 대개의 경우 한두 번이 아닌 대여섯 번 지내야 한다고 합니다. 다른 절에서 지내는 천도재는 전혀 의미가 없다는 말도 강조합니다.

천도재 한 번 지내는 데는 500만 원으로 정확히 책정이 되어 있는데, 형편이 아무리 어려워도 '깎으면' 안 된다고 합니다. 더욱 기이한 것은 책 제목이나 자신의 법명도 부처님이 내려주셨고, 자신의 모든 일은 부처님의 '하명(下命)'을 받들어 행하는 것이라고 밝히고 있습니다. 이런 그의 주장을 인정했다간 불교는 기독교와 같은 계시(啓示)의 부처님을 믿는 불교가 되어버리는 어처구니없는 상황이 발생하는 것입니다.

참으로 심각한 문제이고 그 책을 몇 번 읽고도 도무지 납득할 수 없는 부분이 많아, 제가 직접 자재만현 스님이 천도재로 중생을 구제하신다는 절에 전화를 걸어 확인해 보았습니다.

제 신분을 다른 절에 다니는 불자라고 하며, 천도재에 관심이 있어 자세히 여쭤 본다고 해서 그곳 주지스님과 통화에 성공하였습니다.

왕초보 천수경박사 되다

다음은 제가 통화한 내용을 당시에 바로 제 홈페이지에 기록해 두었던 내용입니다.

【 현지사 주지와의 통화 내용 】

(문은 저이고 답은 그곳 주지이고, 큰스님은 생불을 인가 받았다는 자재만현 스님입니다)

문: 천도재 비용 500 이하는 안 되나?

답: 절대 곤란하다. 큰스님이 정한 돈이다.

문: 그래도 부담된다.

답: 그건 재 비용이 아니라, 부처님께서 직접 받아주시는 돈이라 생각해야 한다. 보시의 공덕이라고 생각해라.

문: 천도재에 걸리는 시간은?

답: 약 3시간.

〈주지의 천도재에 대한 간곡한 설명〉

다른 절에서는 천도재를 지내서는 안 된다. 왜냐하면 다른 절의 천도재는 영가에게 밥을 적당히 주다 마는 식이기 때문에 오히려 하지 말아야 한다.

큰스님의 천도는 영가를 '수배'하는 것부터 시작하는데,

보통 재를 지내는 이들은 30~40명의 죽은 조상을 적어낸다. 하지만 큰스님은 그 집안의 일가친척 역대 조상을 거의 700~800명까지 일일이 찾아서 쫓아다니며 잡아온다. 이건 아무나 못하는데 죽은 영가는 신통력이 있어 새처럼 하늘을 날아다니고 허공도 물속도 무척 빠르게 도망 다닌다. 이런 영가들을 수백 명 잡아오는 것은 큰스님 아니면 못한다. 때론 큰스님이 천여 년 전 조선시대에 죽은 조상이 독약을 먹고 죽었는지도 알아내고, 더욱이 그 영가와 얘기하면서 눈물도 흘리신다. 그러나 재를 지내는 신도는 알 수 없다. 오직 큰스님만 안다.

재를 지낸 후 부처님께 불공이 있는데, 이 불공의식 때 10~20분 간 불공 지내는 사람의 업장이 소멸되는 시간이 있다. 물론 본인은 못 느끼지만 업장을 소멸시킬 수 있는 것이 바로 부처이신 큰스님만이 할 수 있는 능력이다.

(결론은 천도재에 의해 업장이 소멸됐는지, 소멸이 안 됐는지는 자재만현 스님만 알 수 있다는 것입니다. 당사자들은 확인할 수 없어도 무조건 믿고, 의문을 제기하지 말라는 의미입니다.)

〈천도재에 대한 설명을 들은 후 다시 계속된 주지와의 대화〉

왕초보 천수경박사 되다

문: 돈이 부족해 그러는데 천도재를 기다리려면 얼마나 걸리나?

답: 2년 이상이며, 아마 3년 분까지 예약되어 있는 것 같다.

문: 하루 몇 번의 천도재를 지내나?

답: 부처님이 지정해주신 횟수가 하루 2번이다.〔이런 것도 부처님이 지정해주신답니다〕

문: 그러면 예약 방법은?

답: 얼마간의 액수로 예약을 해야 순서에 넣어줄 수 있다.

문: 천도재마다 큰스님이 참석하신다면, 연로하신데 중생들을 위해 건강을 생각하셔야 하지 않은가?

답: (흐뭇해하며) 글쎄, 걱정이긴 한데, 우리 현지사의 대중들은 다 부처님의 직접 말씀에 따르고 있다.

문: 그럼 다른 스님들도 부처님의 하명을 직접 받는다는 말이냐?

답: 뭐, 그렇다.〔앞서 말씀드린 대로 이들의 부처님은 계시(啓示)의 신(神)이 되어버립니다〕

문: 책에서 감명을 받았는데, 일반적으로 죽은 이를 영가라 하는데 책에는 유독 영체라 했다. 영가와 다르다는 영체란 무엇이냐?

답: 영가를 네 가지로 분류한다.

　　제1영체, 제2영체, 제3영체, 제4영체

　　자, 이것을 부처님의 정법(正法)이라고 인정해줄 수 있을까요?

　　자재만현이란 스님이 이렇게 불교를 왜곡시키고, 더욱이 부처님을 한 사람의 일거수일투족까지 계시하는 존재로 호도하고 있으니, 《천수경》의 '원해여래진실의(願解如來眞實意)'라는 '내가 부처님의 진실한 가르침을 이해하게 하여 주소서'라는 원(願)은 결코 미래의 남의 문제가 아닌 현재의 나의 문제인 것입니다.

개법장진언 開法藏眞言

| 법의 곳간을 여는 신비한 말 |

옴 아라남 아라다

(번뇌가 사라진 안락한 마음으로 평안합니다)

　　개경게가 대문을 여는 격이라면, 개법장진언은 바로 진

리 그 자체인 법의 곳간을 여는 것과 같은 뜻이라고 생각하셔도 됩니다.

천수천안 관자재보살 千手千眼 觀自在菩薩
| 천 개의 손과 천 개의 눈을 갖추신 관자재보살님이시여 |

관자재보살은 관세음보살의 다른 이름입니다.

《반야심경》처럼 '관자재보살 행심반야바라밀다시'로 시작되는 경전까지 있을 정도로 관세음보살은 많은 보살중 가장 친숙한 보살이십니다. 관자재보살은 관세음보살이라고도 하며 줄여서 관음보살이라고도 합니다. 이 보살님은 세상〔世〕 중생들의 소리〔音〕를 관찰〔觀〕하시고, 모든 중생들의 소원을 들어주신다는 의미에서 '관세음'이라고 부르는 것입니다. 보살(菩薩)은 부처님의 입멸(入滅) 후 거의 500년 이후에 발생한 대승불교의 특별한 존재입니다. 다시 말해 불교 발생 초기에는 어리석은 중생 아니면 깨달음을 이룬 성인, 둘 중 하나였습니다. 부처님도 아라한(阿羅漢) 중 가장 수승한 정도로 인식되었습니다. 물론 지금의 아라한 개념과는 다른 아라한이기는 하였습니다.

그러던 것이 자신의 깨달음보다 남을 위하는 이타행(利他行)을 우선시하거나, 적어도 이타행 자체가 깨달음에 이르는 수행이라는 사상이 생겨난 것입니다.

수행자가 남을 위해 사는 것은 당연한 일이지 무슨 얘깃거리가 되는가 하고 생각하시는 분들도 있겠지만, 2,500여 년 전 당시는 산 속에서 혼자 목숨을 걸고 수행을 하는 것을 수행자의 기본 조건이라고 확신하던 시기였습니다. 그런 시대적 상황에서 평범한 세상살이를 하며 남을 위해 사는 것도 깨달음에 이르는 수행이라고 선언하며, 또한 그것이 사상적으로 완성된 일은 당시에 수행의 개념을 넘어서는 대사건이었던 것입니다.

기존의 바라문과 다른 이런 수행을 보살도(菩薩道) 혹은 보살행(菩薩行)이라고 합니다. 그러니 보살은 이처럼 큰 자기희생을 아무런 대가 없이 이뤄 나가고, 그 바람이 있다면 오직 중생을 위한 것뿐인 위대한 삶을 실천하는 분입니다.

2006년 12월에 저는 심장수술을 받았습니다. 3개의 심장관상동맥과 1개의 심장동맥을 제 몸 안의 다른 동맥을 채취하여 우회연결(bypass)시키는 큰 수술이었습니다. 8시간 동안을 심장과 폐의 기능을 외부장치에 의존시켰으

왕초보 천수경박사 되다

니, 현대 의학기술의 덕 아니면 꼼짝없이 죽었을 것입니다.

　서울 아산병원 집중치료실에서 겨우 의식을 되찾았을 때의 일입니다. 이곳 집중치료실(ICU : intensive care unit)은 일반 중환자실과 달리 저와 같은 심장수술을 한 환자만 전문으로 회복시키는 곳입니다. 담당 간호사는 한시도 환자의 곁을 떠나지 않고, 순간순간 환자의 상태를 모니터링하며 예상치를 벗어나면 즉시 조처를 취하게 됩니다.

　그런데 저보다 하루 먼저 수술한 바로 옆 환자를 맡고 있던 간호사가 애원하듯, 그러나 숨을 죽여 속삭이듯 외치는 소리가 들렸습니다.

　"오, 안 돼 안 돼. 지금 돌아오지 않으면 다시는 기회가 없어! 도대체 왜 이 방법도 저 방법도 효과가 없지? 이 상태라면 환자는 지금 의학적으로는 죽었다 살았다를 되풀이하는 것인데, 안 돼, 내가 지금 그 짓을 하고 있단 말이야!"

　저는 제가 받은 수술로 목 아래서 배까지 몸 앞쪽의 갈비뼈를 모조리 갈라놓았고, 손은 묶여 있는 상태라는 것조차 겨우 인식할 정도였지만 순간적으로 정신이 바짝 들었습니다. 그도 그럴 것이 그 외침은 바로 옆 침대의 같은 수술을 한 환자의 일이니 남의 일이 아니고, 더욱이 고귀한 사람의 생사가 촌각에 달려 있는 순간이었기 때문입니다.

절규 속의 온갖 노력도 불과 몇 분만에 끝나고 말았습니다.

제가 감동받은 것은 이때부터였습니다. 최선을 다한 간호사는 그 환자 옆을 떠나지 못하고 흐느꼈습니다.

"아, 이건 아니야. 내게도 최선을 다할 시간을 달란 말이야! 단 몇 분이라도 더! 아니야, 이건 내 실력이 부족해서야. 내가 아닌 다른 사람이 맡았으면 살릴 수도 있었을 거야!"

이런 흐느낌이 계속되자 팀장격인 선배 간호사가 그녀에게 다가와 말했습니다.

"넌 최선을 다했다. 울지 마라. 빨리 냉정해져야 다음 환자를 돌볼 것이 아닌가? 설령 내가 맡았어도 그 환자는 힘들었다. 자, 네가 최선을 다한 환자를 위해 마지막 마무리를 해야지."

저는 이 장면을 평생 잊지 못할 것입니다. 어느 성직자가 이런 모습을 연출해 낼 수 있겠습니까. 입만 떼면 자비와 사랑을 부르짖는 그들이지만, 과연 어린 이 간호사에게 어떤 법문과 설교를 줄 수 있겠습니까.

보살의 자비란 바로 이런 것입니다. 그러니 하나의 몸 가지고는 부족한 것이기에, 중생을 돌보기 위해 상징적으로 천 개의 손과 천 개의 눈인 '천수천안'이라고 표현할 수밖에 없는 것입니다.

광대원만 무애대비심 대다라니 廣大圓滿

無碍大悲心 大陀羅尼

| 넓고 크고 원만하여 걸림이 없는 큰 자비심의 대다라니 |

광대원만 廣大圓滿 ─ ◉

광대란 공간적으로 넓고 커서 우주에 가득 차 있다는 뜻
입니다. 원만이라는 말은 낱글자로 펼쳐 보면 모가 나지 않
고 둥글고〔圓〕 또한 비어 있지 않고 속이 꽉 차 있다〔滿〕는
뜻입니다. 흔히 '그 사람 성격이 원만하다'라는 말도 대체
적으로 이런 의미로 씁니다. 하지만 불교에서의 '원만'은
그리 간단치 않은 용어입니다.

가톨릭은 피임과 낙태를 절대 구원 받지 못할 죄로 규정
합니다. 어떤 이유에서건 낙태나 피임은 구원 받을 수 없는
일이란 말입니다. 그리고 혼외정사나 결혼을 하지 않은 남
녀가 섹스를 하면 지옥 갈 음행을 저지르는 행위로 단정합
니다.

현실적으로 벌어질 수 있는 이런 경우를 상정해 보겠습

니다. 한 남자는 결혼하여 부인과 잠자리를 '충실히' 하여 예닐곱 명의 아이를 낳았습니다. 그런데 이 남자는 세례를 받고 성당 미사에도 빠지지 않는 신자이긴 합니다만, 무능하고 술주정뱅이라서 살림은 모두 여자가 도맡아 꾸려 나가야 합니다. 그러니 가난하고 병약하여 낳은 아이가 병으로 죽는 경우도 있고, 살아 있는 아이들도 교육은커녕 주린 배를 채우기에도 어렵습니다. 그럼에도 피임과 낙태는 신자로서는 지옥행이 분명하다며 피임조차 반대하는 남편 때문에 여자의 배는 정기적으로 부풀어 오릅니다.

한편 다른 한 남자는 종교도 없고 하느님도 모르지만 결혼도 포기한 채 자신의 인생을 오로지 봉사를 위해 살아갑니다. 세계 곳곳의 오지를 다니며 자신이 가진 기술과 능력을 오직 나를 필요로 하는 사람을 위해 바칩니다. 그런 그도 가끔은 현지의 여자와 사랑에 빠져 황홀한 밤을 지내기도 합니다.

가톨릭의 입장에서 보면 이 사랑은 음탕한 행위를 하는 것이고, 더욱이 하느님을 믿지 않기에 천당을 가기는커녕 지옥을 가도 할 말이 없습니다. 지금의 교황청 교회법에 의하면 논쟁의 여지가 없는 너무나 당연한 결론입니다. 하지만 아무래도 사람의 논리로는 원만하게 느껴지지 않습니다.

과거에 결정된 것은 그렇다 치고 현재의 가톨릭의 결정들은 원만한가를 2008년 1월 2일 보도된 교황의 결정을 보며 생각해 보십시오.

로마교황청이 악마와의 정면 승부를 벌이기 위해 사제 수백 명을 퇴마사(엑소시스트)로 양성하는 계획을 마련했다고 영국 일간 텔레그래프 인터넷 판이 31일 보도했다.

바티칸의 최고위 퇴마사인 가브리엘레 아모르트 신부는 전 세계적으로 악마주의와 초자연적 현상에 대한 관심이 커져가는 현상을 경계하면서 이 같은 계획을 발표했다.

논의 중인 계획에 따르면 모든 주교는 '극단적인 신(神)의 부재상태'에 신속히 대처할 수 있도록 각자의 교구 내에 특별한 퇴마 훈련을 받은 일군의 사제들을 두게 된다.

아모르트 신부는 너무 많은 주교들이 퇴마 훈련을 받을 사제들을 두지 않는 등 이를 진지하게 받아들이지 않는다고 비난했으나 "다행히도 교황 베네딕토 16세는 악의 존재와 위험성을 믿는다."고 말했다. 퇴마전문가인 파올로 스카라포니 신부는 "교회에 대한 믿음을 잃을수록 악마주의와 초자연적 현상이 기승을 부린다."며 사람들은 악마가 고통을 덜어줄 것으로 생각한다고 말했다. 교회법 1172조에 따르면 모든 사제는 퇴마의식을 거행할 수 있지만, 실제 악령을 추방할 수 있는 사제는 소수에 불과하다. 바티칸은 그간 젊은 세대가 미디어와 록 음악, 인터넷 등을 통해 번지는 악마주의에 고스란히 노출되고 있다며 염려를 표시해 왔다.

이것이 종교의 보편성 중 하나인 '원만'한 일인지, 아니면 엑소시스트란 영화에 대한 언급인지 헷갈립니다. 더군다나 록 음악과 인터넷도 악마와 연관 짓는 일을 교황이 언급하다니 저로서는 좀 황당합니다.

주제넘게 다른 종교를 참견했으니 당연히 자신이 몸담고 있는 불교는 좀 더 강렬한 예를 드는 것이 도리라 생각합니다. 한국의 불교는 스스로는 깨달음을 추구하는 최고의 종교이니 타종교와는 그 깊이를 비교하지 말라고 자부하고 있습니다. 그러나 그것은 부처님이 깨달았다는 말이지, 현재의 한국불교가 깨달음을 간판으로 내세울 정도로 당당하다고 스스로 착각하는 것과는 엄연히 구별되어야 합니다. 마치 훌륭한 스승 밑의 제자가 그 스승과 똑같은 존경을 요구하는 것과 같은 난센스라는 말입니다.

승단의 일원으로 이런 한국불교의 답답함에, '원만'의 예를 핑계 삼아 제가 한 말씀드리겠습니다.

왕초보 천수경박사 되다

법정스님은 70년대의 암울하며 희망이 없어 보이는 대한민국에 한국불교의 최고의 지성으로서 불자들은 물론 일반 국민에게도 감로수와 같은 역할을 하신 스님입니다.

중생을 위한 현실적 참여와 무소유의 정신에 감명 받은 김영한(길상화) 보살이 자신 소유의 최고급 요정이었던 7천여 평, 1987년 당시 시가로 천억 원 이상의 대원각을 법정스님께 보시한 것은 세상이 다 아는 사실입니다. 그런데 법정스님은 10년 동안 보시 받기를 사양하셨다고 합니다. 이것은 길상화 보살이나 법정스님 모두가 종교적 힘이 아니면 불가능한 일을 '원만'하게 해낸 것입니다. 그 후 대원각은 길상사라는 절로 다시 태어났습니다.

좀 외람된 말씀을 드리면, 이제는 길상사를 매각하여 수천억의 종자돈으로 불교사상 최고의 불사를 하자고 제안합니다.

우선 불사의 명분을 말씀드리자면 법정스님이 아니면 대한민국에서 이런 불사를 할 수 있는 스님이 없기 때문입니다. 법정스님은 70년대 민주화운동 때 불교계 인사로는 드물게 많은 고초를 겪으셨고, 한편으로는 시대를 대표하고 또 다른 한편으로는 시대를 앞서가시며 중생의 아픔을 함께 한 스님이십니다.

그러나 어느새 30여 년이 흘렀습니다. 그 당시 자유와 미래에 대한 희망이 온 국민의 화두였다면, 지금은 빈부의 격차로 인한 심각한 사회적 갈등해소가 국민적 화두가 되었습니다. 가속화 되는 빈부의 격차는 인간의 마음까지 왜곡되게 만들고, 개인의 삶의 질을 결정짓는 잣대 중 하나가 되어 버렸습니다.

심한 경우에는 어린 학생들이 등록금을 구하지 못해 가슴에 큰 상처를 입고, 병든 노인들은 단 몇 만 원이 없어 제대로 치료도 받을 수 없습니다. 전기세 아끼느라 촛불로 방을 밝히다가 불이 나서 참변을 당하는 사람도 생겨나고 있습니다.

불교에서는 단순한 물질의 대상인 돈이, 지금의 중생들에게는 '생명'이 되어 버린 야속한 세상으로 바뀌어 버렸습니다.

길상사가 얼마나 의미 있는 절인지는 누구나가 공감하는 바입니다. 하지만 길상사가 없다고 한국불교에 문제가 생기는 것도 아님은 분명합니다. 오히려 몇 백, 몇 천 명의 신도를 위한 길상사가 아닌, 세계적인 수행도량으로서의 길상사를 훨씬 좋은 장소에 건립할 수도 있는 충분한 여건도 마련될 것입니다.

이렇듯 제 소견은 성북동의 길상사를 매각하여 현 시가로 수천억 원의 종자돈을 마련하여, 본격적인 중생 구제에 나서자는 말씀입니다. 이 중생 구제의 불사야말로 한국불교의 역사상 중생과 같이 하는, 아니 불교가 고단한 중생들을 위해 처음으로 실천하는 최고이자 최대의 진정한 불사라 할 수 있을 것입니다. 그리고 이 중생 구제의 불사는 시대의 사표(師表)이신 법정스님만이 하실 수 있는,《천수경》에서 말하는 '원만'회향이라고 생각합니다.

무애 無碍 —●

무애라는 말은 여러분들에게 전혀 낯설지는 않을 것입니다. '무애' 하면 원효스님과 요석공주가 먼저 떠오르신다면 제 생각과 같습니다.

사회적 규범과 종교적 계율의 잣대로는 잴 수 없는 걸림없는 경지의 마음을 무애라 하고, 거기에서 자연스럽게 나오는 행동을 무애행이라고 합니다.

《삼국유사》의 〈원효불기(元曉不羈)〉편에 수록된 관련 내용을 소개해드리는 것으로 설명을 대신해도 충분할 듯싶습니다.

스님은 어느날 풍전(風顚 : 상례를 벗어난 행동)을 하여 거리에서 이렇게 노래했다.

누가 자루 없는 도끼를 빌려줄 건가[誰許沒柯斧]
하늘 받칠 기둥을 깎으려 하네[爲斫支天柱]

사람들은 누구도 그 노래의 뜻을 알지 못했다. 이때 태종이 이 노래를 듣고 "이 스님은 귀부인을 얻어 귀한 아들을 낳으려 하는구나. 나라에 큰 현인이 있으면 이보다 더 좋은 일이 있겠는가." 하였다. 이때 요석궁에 남편을 여읜 공주가 지내고 있었으므로 궁리를 시켜 원효를 찾아 요석궁으로 맞아들이게 했다. 궁리가 명령을 받들어 원효를 찾으니, 이미 그는 남산에서 내려와 문천교를 지나오고 있어 만나게 되었다. 원효는 이때 일부러 물에 빠져서 옷을 적셨다. 궁리가 스님을 궁으로 데리고 가 그곳에서 묵게 했다. 공주는 과연 태기가 있더니 설총을 낳았다.

원효는 이미 계를 범하여 총을 낳은 후에는 속인의 옷으로 바꾸어 입고 스스로를 소성(小姓)거사라고 하였다. 우연히 그는 광대들이 가지고 노는 큰 박을 얻었는데 그 모양이 이상하게 생겼다. 스님은 그 모양에 따른 도구를 만들어《화엄경》의 한 구절인 '일체의 무애인(無碍人)은 한 길로 생사에서 벗어난다'

왕초보 천수경박사 되다

는 문구를 따서 이름을 '무애'라 하고 계속 노래를 지어 세상에 유행하게 했다. 이 도구를 가지고 일찍이 수많은 마을을 돌며 노래하고 춤을 추며 교화시키고 읊다가 돌아왔다. 이로 말미암아 가난한 사람 몽매한 사람의 무리들도 다 부처의 이름을 알고 나무아미타불을 일컫게 하였으니, 원효의 교화는 참으로 커다란 것이었다. 그가 태어난 마을 이름을 불지촌이라 하고, 절 이름을 초개사라 하였으며, 스스로의 이름을 원효라 한 것은 모두 불교를 처음으로 빛나게 하였다는 뜻이고, 원효란 이름도 역시 방언이며, 당시 사람들은 모두 향언으로 원효를 일러 새벽이라고 했다.

비심 悲心 ─ ●

비심은 다른 사람의 슬픔이나 고통을 남의 일이 아니라 내 일이라고 진심으로 여기며 자비를 베푸는 마음을 말합니다.

아프간에서 한국인들이 인질로 잡히고 탈레반에 의해 죽임을 당할 때 국민들은 모두 내게 벌어진 일처럼 큰 슬픔을 느꼈습니다. 바로 이런 심정이 비심(悲心)입니다. 태안 앞바다 유조선 사고 때 서해안에 100만 명이 넘는 자원봉사자들이 모인 것도 비심의 발로입니다.

성선설(性善說)의 바탕이 되는 것도 비심입니다. 인간도 그러하니 부처님과 다를 바 없는 보살이 대비심을 갖는 것은 너무나도 당연한 일입니다.

그런데 우리는 역시 보살은 못 되는 것 같습니다. 아프간에 선교사를 파견했던 샘물교회의 선교방식을 당사자인 개신교조차 문제 삼았지만, 결국 일을 저지른 샘물교회는 달라진 것이 없었습니다. 서해안의 기름은 어느 정도 제거했지만, 속절없는 피해로 살길이 막막해진 수많은 주민들에 대한 대책은 강구되지 않고 있습니다.

불가(佛家)에서는 흔히 출가자가 부모님 상을 당해도 속가에 가지 못하게 합니다. 직접 가서 돌아가신 부모를 극락으로 인도하지 못할 바에는 절에서 수행에 정진하는 것이 차라리 효도라 합니다. 참으로 냉정하고 엄하게 수행의 정신을 강조하는 처사라고 생각할 수 있습니다. 그러나 한편으로는 신도가 죽으면 며칠 밤을 새워가며 염불을 해주면서, 정작 부모님의 경우에는 그런 매정한 법도를 미덕으로 삼는 것인지 저로서는 도무지 납득이 되지 않습니다. 일체 중생에게 비심을 베푸는 것이 불교의 근본인데, 부모는 제외시키다니 출가자의 부모는 중생이 아니란 말이 되고 마는 것입니다.

왕초보 천수경박사 되다

언제 어느 스님의 가풍(家風)에서 시작된 일인지 모르겠지만, 이 부분은 바뀌어야 한다고 생각합니다. 부모라는 중생이야말로 내가 수행자가 되게끔 나를 낳아주시고 키워주신 '보살'인데, 출가자의 부모는 공덕은커녕 중생보다 못한 대접을 하는 불가의 불문율은 재고할 필요가 있습니다.

'천수천안 관자재보살 광대원만 무애대비심 대다라니 계청'을 해설하면, '관자재보살이 천수천안으로 중생을 구제하시며 광대하고 원만한 대다라니를 큰 비심(悲心)으로 설하시길 청하옵니다'가 됩니다. 그러면서 청하는 마음을 밝히는 것이 다음으로 연결되는 내용입니다.

이어지는 게송 앞에 계청(啓請)을 제목처럼 표기하기도 합니다만, 《천수경》의 문맥상 굳이 그럴 필요는 없습니다.

계수관음대비주 稽首觀音大悲主

| 더 없는 자비의 주체이신 관세음보살님께 머리 숙입니다 |

말할 것도 없이 자비의 주체이고, 중생 구제의 주인이신 관세음보살님께 경건한 마음으로 머리 숙여 의지하고 공경

한다는 뜻입니다.

혹 대비주(大悲呪)라고 주문 '呪'자로 해석한 경우가 있습니다. 관세음보살님(主)께 머리를 숙이는가, 신묘장구대다라니(呪)에 숙이는가의 차이입니다. 뒤에 이어지는 내용으로 볼 때 주인 '主'로 쓰는 것이 옳습니다. 바로 다음 구절에 '천비장엄', '천안광조'라는 표현이 나옵니다. '천비'는 천 개의 팔, '천안'은 천 개의 눈을 뜻하니, 그 주체는 사람인 '主'가 되어야 합니다. 진언의 의미인 '呪'로 해석하면 경의 전후 맥락이 맞지 않습니다.

관음 觀音 — ●

관음은 관세음(觀世音)을 줄여서 부르는 말입니다. 관세음보살은 사바세계 중생의 고통의 소리(世音)를 듣고 자비로 구제해주시는 보살이라고 알려져 있습니다.

그런데 실은 더 깊은 뜻이 있습니다. 《천수경》 자체가 관세음보살에 대한 경전이고, 더욱 불교 수행의 측면에서도 중요한 내용이라서 자세히 살펴보겠습니다.

수행은 마음을 다스리는 것을 기본으로 합니다. 탐내고 화내며 어리석은 마음을 다스리는 것부터 시작하여, 불·보살과 같은 경지의 마음을 얻는 것이 수순입니다.

소리는 우리의 마음을 움직이게 하는 매우 중요한 요소 중 하나입니다. 칭찬하는 소리는 듣기 좋고, 단점을 직언하는 소리는 아무래도 거북합니다. 공사장의 소리는 공해지만, 사물놀이나 '난타' 공연에서 요란하게 두드리는 소리는 흥이 납니다.

스님들 중에 법문할 때 어린아이가 우는 소리를 내면 참석한 부모를 야단치는 민망한 경우도 있습니다. 수행처는 조용해야 한다는 것입니다. 당연한 말씀입니다. 하지만 관세음보살은 오히려 그 소리에 자신의 마음이 어찌 대응하는가를 수행의 도구로 삼았던 것입니다.

그래서 궁극적으로 세상의 어떤 소리에도 좋고 나쁨을 분별하는 마음은 물론, 마음의 흔들림 자체를 능히 항복 받으신 것입니다.

제가 중노릇 할 초기에 가장 신경 쓰이는 소리는 새벽녘의 새소리였습니다. 새벽 3시에 예불을 올리니 실상 이 시간은 새벽이 아니라 한밤중에 가깝습니다. 그러니 새벽예불을 마치고 방에서 잠깐 눈을 붙이려고 하면 창문이 밝아지며 이때부터 새들이 떼거지로 울어댑니다. 불과 2, 3미터 밖에서 들리는 그 소리는 아름다운 새소리가 아니라, '제발 잠 좀 자자'라는 하소연이 나오게 만드는 소음입니다.

이 정도면 오직 소리로만 수행을 삼는다는 말을 어느 정도 이해하실 것 같습니다.

소리와 말(말을 소리가 조합된 것이라고 해도 됩니다)의 '진실의(眞實意)'를 이해하는 어려움의 예를 하나 더 들겠습니다.

여러분은 '사랑하는 나의 아버지'란 아름다운 곡을 들어 보셨을 것입니다(미래에는 이럴 경우 해당 곡을 참고로 직접 들을 수 있는 책이 만들어질 겁니다). 이 곡은 푸치니(Renato Fucini : 1843~1921)의 오페라 〈잔니 스키키(Gianni Schicchi)〉에 나오는 아리아입니다. 극중 라우레타가 아버지 잔니 스키키에게 애인 리누치오와 결혼할 수 있도록 해 달라고 애원하는 내용인데, 가사는 다음과 같습니다.

오, 사랑하는 나의 아버지

저는 그를 사랑해요

그는 정말 좋은 사람이에요

저는 포타 로사로 가서

반지를 사려 해요

그래요, 그럴 생각이에요

만약 내가 헛되이 사랑한 것이라면

베키오 다리로 달려가서

아르노 강에 몸을 던지겠어요

저는 초조하고 고통스러워요

오, 신이여. 차라리 죽는 게 나아요

아버지, 저를 불쌍히 여겨주세요

그런데 이 아리아를 부르는 주인공의 속마음은 '병든 아버지가 빨리 죽어야 유산으로 정부(情夫)와 놀아날 텐데'입니다. 실제 오페라에서 이 장면을 보며 곡을 들으면, 아름다운 아리아가 아니라 인간의 이중성과 한없는 욕망을 이런 선율에 표출시킬 수도 있구나 하는 한탄에 가까운 감탄을 하게 됩니다.

앞에서 거론되었던 모차르트의 오페라 〈마술피리〉 중 '밤의 여왕' 아리아도 그 절묘한 운율 속의 가사는 "넌 내 딸이지만 내가 반대하는 남자와 사랑에 빠지면 한없이 저주하리라"라는 내용입니다.

그러니 우리는 어찌 보면 소리만 즐겼지 그 의미는 알려고 하지도 않았던 것입니다. 물론 반드시 알 필요는 없습니다만, 그 내용을 알고 들으면 그 곡을 감상하는 마음이 달라지는 것도 분명합니다.

이같이 세상에 존재하는 모든 소리를 관찰하는 것도 훌륭한 수행이고, 이를 완성한 분이 《천수경》의 관세음보살님인 것입니다.

원력홍심상호신 願力弘深相好身

| 원력은 넓고 깊으며 그 모습은 거룩하시고 |

관세음보살님의 중생을 구제하는 원은 헤아리기 어려울 정도로 넓고 깊으시고, 관세음보살의 중생을 구제하는 모습은 거룩하다는 뜻입니다.

원 력 願力 —●

원력은 간절히 바라는 마음의 힘이라고 할 수 있습니다.

원(願)은 개인이나 관세음 같은 보살 자신만이 아닌 모든 사람을 위한 바람을 뜻합니다. 원력(願力)은 그것을 이뤄 내는 힘을 말합니다.

하지만 인간은 보살과 달리 아무리 남을 위한 원(願)이라 하더라도, 그 양과 질에서 엄청난 차이가 나게 되어 있습니다. 그리고 실제로 인간의 원(願)은 개인의 희망사항에 가깝습니다. 더욱이 인간의 원(願)은 조금만 살펴보아도 상충되는 이해관계 속에서 이루어져야 하는 모순을 내포하고 있는 경우가 허다합니다.

한 신도가 사업이 잘 되어 부자가 되면 시주를 많이 하겠다고 원을 세우고 제게 축원과 기도를 부탁합니다. 그런데 그 신도가 하고 있는 사업이 '장묘업'이니 사람들이 많이 죽어야 번창할 수 있습니다. 이런 경우 그 신도의 불공(佛供)과 기도를 거부할 수도 없는, 참으로 난감하고 착잡해 할 수밖에 없는 상황에 놓입니다.

자녀의 대학 진학을 앞둔 신도님들은 합격기원 기도를 합니다. 사찰에서도 수능시험 100일에 딱 맞추어 기도 동참을 권유합니다. 하지만 입학 정원은 정해져 있으니 내 자식이 붙으면 어느 누군가는 불합격 당해야 합니다.

기도하는 불자가 많아질수록 기도의 성취도, 즉 원(願)이 이루어지는 기쁜 일의 가능성은 적어지는 것입니다. 이 기도가 다른 종교에서도 행해진다면 계산은 점점 복잡해집니다. 불교의 기도 성취율 몇 퍼센트, 기독교의 기도 성취율 몇 퍼센트, 이런 식이 되는 것입니다. 성스러운 마음으로 하는 기도를 유별난 억측으로 매도한다고 할지도 모르겠지만, 기도하는 순수한 그 마음을 탓하는 것이 아니라,

세상일이 어떻게 운용되는지 실상을 직시하자는 것입니다.

　이런 류의 세속적 욕망을 채우려는 기도는 결국 불안한 마음을 갖는 신도들과 종교집단의 이해관계가 맞아 떨어져서 벌어지는 일이 분명합니다. 이렇듯 불교든 기독교든 기도가 노력의 결과를 바꿀 수 있다는 단정은 어찌 보면 종교에 이용당하는 것이라는 게 저의 생각입니다. 부처님께서는 스스로 지은 업의 결과는 반드시 받는다고 강조하셨습니다. 이 말씀을 현실에 극단적으로 적용시키면, 노력은 하지 않고 단지 '기도에 의해서' 좋은 결과를 기대하는 것은 부처님의 가르침에도 어긋난다는 사실입니다.

　마무리하면, 세속적 바람의 결과는 기도와 무관할 가능성이 얼마든지 있다는 말씀입니다. 그러니 종교를 가진 사람은 세속적 바람보다 관세음보살 같은 원(願)을 세워야하고, 그 원을 성취해 냄은 물론 다른 사람에게 차별 없이 베푸는 능력을 갖추도록 해야 합니다. 이것이 《천수경》에서 말하는 원력입니다.

　원과 기도에 대한 불자들의 이해가 이처럼 부처님의 가르침과는 거리가 있어, 한탄스러운 마음에 몇 년 전 초파일을 앞두고 발원가를 만들어 신도들에게 나누어 주었습니다.

　　　　　왕초보 천수경박사 되다

<부처님오신날 성법의 발원가(發願歌)>

오시었네	오시었네	석가모니	부처님이
오시었네	오시었네	여래세존	오시었네
무량억겁	원을세워	한맘으로	바라밀행
무량억겁	육바라밀	하루같이	행하심은
무명업장	쌓고쌓은	우리중생	위함일세

한량없는	나의욕심	쉬지않는	나의분별
그로인해	세상살며	제잘났다	우쭐대고
시기질투	망언악담	악업짓기	하루이틀
일년십년	평생토록	태산만큼	이뤄놓고
철모르는	아이처럼	부처님께	보채기를

오늘하루	석가모니	오신날에	오직한번
마음일어	자신업장	생각잖고	부처님께
매달리길	자비하신	부처시여	저의소원
들어주소	다른이는	어리석고	내생각은
올바른데	세상사람	이내말은	믿지않고

어리석은　사람말은　철석같이　믿어주고
다른이는　바른생각　내지않고　욕심내고
속물성품　고루고루　셀수없이　가졌건만
어찌하여　세상만사　실타래가　풀리듯이
수리술술　풀리건만　내인생은　왜이렇게

마음먹은　생각대로　풀리는게　하나없나
이상하고　이상하다　생각생각　지나치어
나도몰래　어느사이　이세상아　너무한다
내가무슨　업장많다　다른사람　다놔두고
내인생만　왜이런가　세상인심　핑계삼고

지은업은　깜빡잊고　한탄으로　하루하루
천재일우　실낱같은　선업지은　인연으로
부처오신　초파일날　잊지않고　연등공양
올릴인연　거룩하신　부처말씀　들을인연
맺어지니　그나마도　다행일세　부처만난

이내인연　내인생의　복밭이네　이젠다시
어리석고　교만하고　욕심내고　시기질투

내지않고　공덕짓고　공부하여　이내마음

편안토록　마음마음　살림살이　잘챙겨서

나는물론　중생모두　성불하길　발원하네

천비장엄보호지 千臂莊嚴普護持

| 천 개의 팔로 장엄하여 중생을 보호하시고 |

《천수경》의 주인공이신 관세음보살님은 천 개의 팔을 갖
추시어, 그 팔 하나하나로 일일이 모든 중생의 원을 이루어
지게 하시고 고통에서 보호해주신다는 뜻입니다.

　앞에 천 개의 손과 천 개의 눈으로 중생을 구제하신다는
언급을 상기하시면 이해가 되실 것입니다.

장엄 莊嚴 ─ ●

　장엄이란 말도 불교에서는 특별한 의미로 쓰입니다. 엄
밀히 말하면 극락정토나 불·보살이 장식엄정(裝飾嚴淨)
한 모습인데, 온갖 보배와 귀한 물건으로 장식하여 그 위신
(威信)과 공덕(功德)을 널리 하는 것을 뜻합니다.《아미타
경》에서 묘사하는 극락의 모습이나, 불상 특히 보살상이나

후불탱화(불단 뒤에 모신 불·보살의 모습을 그린 그림)를 연상하시면 틀림없습니다.

그런데 실상은 불자들이 불·보살님을 종교적으로 거룩하게 보이기 위해 꾸미는 일을 '장엄'이라는 뜻으로 새기고 있습니다. 불단(佛壇)을 꽃으로 장엄한다. 법회 분위기를 장엄하게 해야 한다 등이 그런 경우입니다.

쉽게 말해 장엄은 '장식하여 엄숙하게 하다'라는 뜻입니다. 그런 의미에서 장엄은 불교만의 전유물은 아닙니다. 모든 종교는 장엄하게 하기 위해 목숨까지도 바치는 신도들의 열정과 당대 최고의 예술가들의 혼이 함께하고 있는 것입니다.

《삼국유사》에 나오는 불국사와 석굴암, 다보탑·석가탑에 얽힌 김대성의 이야기나, 최고의 소리를 만들기 위해 아기를 녹여서 만들었다는 에밀레종(본래 이름은 봉덕사신종)의 전설은 아직도 우리의 애간장을 녹입니다.

기독교 역시 대단한 장엄의 역사를 자랑합니다. 종교적으로는 최악의 시대였던 중세에 인류 최고의 '장엄 전문가'들이 있었습니다.

공교롭게 모두 이탈리아인이기도 한 레오나르도 다빈치(Leonardo da Vinci : 1452~1519)와 미켈란젤로 부오나로티(Michelangelo di Lodovico Buonarroti Simoni : 1475~1564), 그리고 산치오 라파엘로(Sanzio Raffaello : 1483~1520)가 그들입니다.

천재적인 미술가·과학자·기술자·사상가이기도 한 레오나르도 다빈치는 '모나리자', '최후의 만찬'이라는 불후의 명작으로 대표됩니다. '댄 브라운'이라는 작가는 《다빈치 코드》라는 소설에서 이 '최후의 만찬'을 전혀 다른 관점에서 해석하는 예를 보여주기도 했습니다. 미켈란젤로는 역사상 최고의 건축가이며 조각가로, 수많은 성당의 천장과 벽을 그림과 조각으로 장엄하였습니다. 그 중 대표적인 것이 '최후의 심판'이라는 대작과 그 유명한 '다비드'상입니다. 산치오 라파엘로는 미켈란젤로와 함께 종교적 성지이자 세계적 관광 명소인 '성 베드로' 성당의 장엄에 관여했습니다. 그 역시 수많은 성당 천장화와 벽화를 남겼는데, 특히 '폴리노의 성모', '목장의 성모' 등 성모화(聖母畵)와 초상화의 대가였습니다. 미술사적으로 볼 때 이들이 르네상스 미술을 이끈 트로이카인 셈입니다.

음악에서 기독교의 '장엄'의 노력은 가히 인류 문화의 최고봉이라 해도 과언이 아닙니다. 헨델, 비발디, 바하에서 베토벤, 모차르트에 이르기까지 신을 위한 찬양과 장엄을 위한 곡들은 종교를 초월하여 인류의 자랑거리입니다.

《천수경》의 장엄을 설명하며 신명이 나서 잠시 옆길로 새긴 했지만, 저로서는 이쯤에서 다음 설명으로 넘어가야 하는 것이 참으로 아쉽습니다.

천안광명변관조 千眼光明遍觀照

| 일천 눈의 광명으로 온 세상을 살피시네 |

관세음보살님은 천 개의 눈으로 세상을 관찰하시며, 고통과 미망(迷妄) 속의 중생들을 구제하신다는 뜻입니다.

관조 觀照 ─●

관조란 눈으로 보는 것이 아니라 마음으로 보는 것을 의미합니다.

영화배우 출신인 멜 깁슨이 감독한 〈패션 오브 크라이스트〉란 영화를 아실 것입니다. 예수 최후의 날을 아주 사실적으로 묘사한 작품입니다. 대사도 그 당시의 유대어인 '아람어'를 사용하고 있고, 몇 년에 걸쳐 완성한 대본은 정통 기독교의 말씀을 거의 그대로 연출해 내고 있습니다. 더

왕초보 천수경박사 되다

욱이 예수가 십자가형까지 가게 된 과정이나 예수의 고난을 너무나 리얼하게 화면에 담아, 관객의 시선을 불편하게 만들 정도로 사실적인 영화입니다.

그러나 이 영화는 교황청과 한국 교회에서 공식적으로 상영 반대를 할 정도로 기독교의 환영을 받지 못했습니다. 이 영화를 본 관객들의 반응도 대부분 예수의 고난이 너무나 실감나는 영화라는 평이었습니다. 그도 그럴 것이 예수가 로마 병사들에게 채찍질을 당해 살점이 떨어지고 피가 낭자한 장면은 그야말로 충격적이었습니다.

그런데 화면의 구성이 이렇게 예수에 대한 처절하고 부당한 보복으로 가득 찬 영화를 교회에서 권장은 못할망정 극구 반대한 이유를 이 영화의 화면만 보는 것으로는 납득하기 어렵습니다. 교회가 세계적으로 영화 상영을 극구 반대했던 속내를 알아내려면,《천수경》의 관조(觀照) 정도는 아니더라도 감독이 이 영화를 통해 말하고자 하는 것이 무엇인가를 살피는 세심한 안목이 필요합니다.

좀 엉뚱한 접근이라는 생각이 들지도 모르지만 불교다 기독교다 하는 신앙을 떠나, '이런 관점에서 영화를 감상하는 것도 가능하구나'라는 편안한 심정으로 제 감상문을 읽어 보십시오.

영화의 내용은 성서의 그것과 일치하기에 가능하면 성서의 구절과 매치 시키겠습니다.

예수가 유대인에 의해 고발당해 로마 총독인 빌라도에게 끌려 왔는데 빌라도는 말합니다.

"내가 보기에 이 자에게 죄가 없다(누가복음 23장 4절). 너희가 이 자가 백성을 미혹시킨다 하여 내게 끌어 왔지만 나는 너희가 고소한 일에 대해 이 자에게서 죄를 찾지 못하였고, 유대왕인 헤롯도 역시 이 자에게 죄가 없음을 알고 다시 보내왔다. 그러니 이 자에게 태형을 내리겠다(누가복음 23장 14절-16절)."

빌라도는 전혀 관심이 가지 않는 인물이 대수롭지 않은 죄를 지었다고 생각했습니다. 게다가 로마에 반역한 죄가 아니고 유대인들의 문제이니 유대왕인 헤롯이 알아서 처리하기를 바랐습니다. 그런데 헤롯왕이 자신에게 다시 예수를 보내 죄를 추궁하라 하니 개입하기 싫었던 것이 분명합니다. 더군다나 빌라도의 아내까지 예수에게 벌을 주지 말라고 애원하듯 간청합니다(마태복음 27장 19절).

빌라도는 심지어 예수를 죽이라는 군중에게 예수를 위해 이런 제안까지 합니다. "여기 극악한 살인자와 예수 중 하나를 살려줄 수 있는데, 너희는 어느 쪽을 선택하겠느냐."라고 말입니다. 놀랍게도 유대인들은 살인자를 방면하고 예수는 십자가형으로 죽여야 한다고 빌라도를 압박합니다(마태복음 26, 27장). 결국 빌라도는 유대인들의 결정에 따르지 않으면 그들이 폭동을 일으킬까 두려워 내키지 않는 십자가형을 선고합니다.

십자가형이란 예수 이전 시대부터 있었던 로마의 형벌인데, 사형 중에서도 가장 혹독한 고통을 주는 사형법이라 적군이나 극악한 살인범에게만 내리는 형벌이었습니다. 이런 당시의 상황 전개에 대한 기독교의 해석은 '피와 죽임으로 우리의 죄를 대신하셨다'입니다.

그러나 저는 영화를 보는 내내 안타까움이 가득했습니다. 예수님이 제발 한 말씀만 하시길 바랐습니다. 썩어빠진 제사장들과 성전을 무너뜨리고 새 세상을 여는 것이 자신이 온 목적이라고 하셨듯이, 우매한 저 군중에게 "너희가 틀렸다. 너희를 위해 나를 죽이려 하는구나."라고 말입니다. 예수의 침묵과 고통이 더해질수록 '예수님이시여, 꼭 죽음을 택하는 방법밖에는 없겠습니까? 답답합니다'라는 생각이 더해 갔습니다.

이제 다시 생각해 봅시다. 교회에서 왜 그토록 이 영화의 상영 반대를 고집했는지를 말입니다. 그리고 예수님이 죽음으로 회개토록 한 제사장과 성전이, 예수님의 죽음 이후 지금에 이르기까지 무엇이 달라졌는가를 생각해 보십시오.

관조(觀照)를 설명하다 여기까지 오긴 했지만, 역설적으로 이 시대에는 모든 종교에서 관조의 눈을 가져야 한다는 게 제 생각입니다. 부처와 예수님의 진정한 정신을 관조하지 못하고 오히려 그분들을 욕되게 하고, 심지어 신자들의 숭고한 믿음을 이용하여 종교집단과 성직자 개인의 이득을 취하고 있지는 않은가를 말입니다.

진실어중선밀어 眞實語中宣密語

| 참된 말씀 가운데 비밀한 뜻 보이시고 |

관세음보살님은 참되고 진실한 말씀을 중생들에게 주시는데, 그 말씀에는 중생들이 풀어서 이해하는 범주를 넘어서는 은밀한 의미가 있다는 뜻입니다.

진실 眞實 ─●

진실이야말로 세상을 긍정적으로 이끄는 가장 큰 힘이

왕초보 천수경박사 되다

라고 단정하는 분들이 있습니다.

엘 고어가 출연해 화제가 된 〈불편한 진실〉은 지구온난화의 심각성을 다룬 다큐멘터리 영화입니다. 지구온난화의 주범은 인간에 의해 급격히 늘어나는 이산화탄소이고, 온난화로 결국 지구는 머지않아 큰 곤경에 처할 것이라는 내용입니다. 지구온난화의 주범이 과연 인간이 만들어내는 이산화탄소 때문인가 하는 이론(異論)은 접어두고 지구온난화 그 자체만 가지고 전혀 다른 관점의 주장들을 정리해 보았습니다.

과거 지구는 지금보다 평균기온이 10도 이상 높았던 적이 있다. 공룡이 번성했던 중생대였는데, 현재의 이산화탄소의 농도보다 무려 17배 높은 약 0.5% 정도였다. 이 시기에는 이산화탄소의 농도가 짙어 식물의 광합성이 활발하였고, 숲이 발달하고 초지가 넓어져 대형 초식동물이 살기에 충분한 식물들이 있었다.

온난화의 주범으로 인식되는 화석연료에 의한 이산화탄소 발생량은 생각보다 그리 크지 않다. 지난 100년 간의 산업화로 증가한 이산화탄소 수치는 0.03%인데, 동물이 견디기 힘든 농도인 0.5%가 되도록 만들기에는 인간이 쓸 수 있는 화석연료로 거의 불가능하다.

오히려 서기 900~1,300년경의 지구의 온도가 현재보다 화씨 약 3도(섭씨 1.5도) 정도 높았는데, 학자들은 이 시기를 인간 역사의 최적의 기후라고 한다.

북극·남극 등의 만년설이 녹는 문제와 폭우·폭설 등 기상 이변을 온난화의 큰 재앙이라고 말하는데, 이것도 사실과 다르다. 만약 극지방의 온도가 따뜻해진다면 그곳의 눈은 일시적으로는 녹겠지만, 강이나 바다에서의 증발량도 더불어 늘기 때문에 더 많은 수분이 생기고 이로 인해 극지방은 강설량이 더욱 증가해 빙산이 오히려 늘어난다.

지구온난화는 극지방과 적도의 온도차가 줄어드는 것을 의미하는데, 이런 경우 대형 폭풍은 오히려 줄고 사막화된 대지를 초지로 변하게 하기도 한다. 무엇보다 지구온난화는 식물의 재배 면적이 북상하여 식량 문제는 물론이고, 많아지는 강수량은 심각한 물 부족 문제를 해결하는 데도 도움이 된다.

대체적으로 이런 반론들인데 엘 고어의 〈불편한 진실〉이 과학적 통계와 현상을 예로 들어가며 만든 진실이라면, 이와 같은 반론도 나름대로는 확신을 갖는 과학자들이 말하는 또 다른 입장에서의 진실입니다. 온난화의 폐해를 당연시하는 목소리가 높다고 하여 지금 나타나고 있는 현상들

왕초보 천수경박사 되다

을 모두 온난화 탓으로 결론 내리고 과거 몇 십 년 간의 변화로 온난화를 단정하는 것보다는, 몇 백 년 동안 일어난 지구 곳곳의 변화를 더 광범위하게 검토해 보는 것이 더 과학적이고 합리적인 사고일 수 있습니다.

제가 주지인 용화사는 경기도 고양시로, 북쪽에 있습니다. 20여 년 전에 심은 과실수들이 제대로 열매를 맺은 적이 없었는데, 작년 가을 처음으로 감나무에 실한 홍시가 열려 무척 맛있게 먹었습니다. 물론 까치밥으로 몇 개 남겨 두었습니다.

너무나 기쁘고 신기해서 그 연유를 생각해 보니, 바로 따뜻해진 날씨 때문이었습니다. 이대로라면 결국 우리나라도 아열대기후권에 들어 겨울은 짧아지고, 농작물의 북방한계선이 대거 북상하게 될 것입니다. 그러면 겨울의 난방비 걱정도 줄어들고, 북한의 식량난 해결에도 큰 도움이 될 것입니다.

너무 낙관적이고 한가한 타령이라고 탓하는 분도 있겠지만, 그렇다고 지구온난화가 마치 인류의 멸망을 예고하듯이 호들갑을 떠는 것도 문제라고 생각합니다. 더욱이 천정부지로 올라가는 국제유가(國際油價)와 농산물 등 식량의 가격 폭등에 대한 경제적 우려도 지구온난화가 장기적으로는 우리에게 도움이 될 가능성도 있습니다.

《천수경》의 관세음보살은 진실만을 말하심은 물론이고, 그 진실 중에는 인간의 능력으로는 헤아리기 어려운 진리도 있다는 것이 '진실어중선밀어'의 뜻입니다.

(사족을 붙이면 지구온난화의 주범이 온실효과이고, 온실효과는 배기가스 등 인간에 의한 이산화탄소 배출이 결정적인 영향력을 끼친다고 알려져 있습니다. 그러나 인간이 직·간접으로 만들어내는 이산화탄소보다 가축들에 의해 배출되고 만들어지는 이산화탄소가 훨씬 많다는 사실은 이미 알려진 상식입니다.)

무위심내기비심 無爲心內起悲心

| 가식 없는 마음으로 자비심을 내시어 |

관세음보살님이 중생을 구제하는 마음은 가식이 없는 마음을 바탕으로 하는데, 그 마음이 곧 큰 자비심이라는 뜻입니다.

무위 無爲 ─ ●

무위(無爲)는 불교에서 파생된 단어가 아니고 도가(道

家)의 핵심 용어입니다.

공자로 대표되는 유가(儒家)는 그 출발이 인간의 인위적인 추구, 즉 인(仁)·의(義)·예(禮)·지(智)·신(信)을 목표로 합니다. 반면 노자로 대표되는 도가(道家)는 유가의 이런 행위를 유위(有爲) 내지는 작위(作爲)로 규정합니다. 나아가 이런 유위는 위선(僞善)이므로 초월적 자연의 정신인 '무위자연(無爲自然)'에 이르러야 한다고 주장합니다.

불교의 무위(無爲)는 도가의 이러한 무위를 차용하고 있는 것인데, 그렇다고 그 뜻까지 차용한 것은 아닙니다. 오히려 도가의 무위보다 더 성숙된, 무애(無碍)에 가까운 것이 불교의 무위입니다. 도가의 무위가《반야심경》의 '색즉시공(色卽是空)'이라면, 불교의 무위는 '공즉시색(空卽是色)'까지도 포함하는 것입니다.

예를 들면, 도가와 불교의 수행자가 겉으로는 모두 가만히 앉아 있는 것처럼 보여도 도가는 작위적인 생각을 일으키지 않는 것이라면, 불교는 화두를 타파하여 깨달음을 얻고 궁극적으로는 부처가 되려는 것입니다. 물론 도가에서도 수련을 통해 신선(神仙)을 이루는 것을 목표로 하긴 하지만, 솔직히 부처와 신선을 같은 위치라고 하기에는 무리가 있는 것 아닙니까.

《천수경》에서는 무위에 마음 심(心)을 더해 '무위심(無爲心)'이라고 하였습니다. 그리고 이 무위심은 관세음보살이 내는 마음의 경지로, 비심(悲心)이 여기에서 나온다고 말합니다. 그러니 아무나 흉내 낼 수 없고, 그 경지가 보살이 되어야 일어나는 마음이 무위심인 것입니다.

그런데 특이한 점은 관세음보살이 중생을 위하는 마음을 설하고 있는 지금까지의 《천수경》에서는 자비(慈悲), 자비심(慈悲心)이라 하지 않고 비(悲), 비심(悲心)이라고 하고 있습니다. 자비(慈悲)의 '자(慈)'는 기쁨을 준다는 뜻이고, '비(悲)'는 고통을 덜어준다는 의미가 있습니다.

그렇다면 중생에게 급한 것은 기쁨을 받는 '자'보다 고통에서 벗어나는 '비'인 것이 명백합니다. 관세음보살의 자비심의 입장에서도 중생에게는 비심(悲心)이 먼저 베풀어져야 하는 것입니다. 《천수경》의 이런 배려는 참으로 절묘한 것입니다.

더욱이 요즘처럼 오히려 세상에 근심과 걱정을 주는 것이 종교이고, 행여 절이나 교회가 좋은 일을 했어도 종교인으로서 할 일을 한 것뿐이고, 다 신도들의 공덕이라는 겸양도 없이 떳떳하게 상을 받는 성직자들을 《천수경》의 자비와 대비시키면, 그 자비를 베푸는 마음의 차원이 근원부터 다르질 않습니까.

속령만족제희구 速令滿足諸希求

| 모든 바라는 바를 속히 이루게 하시고 |

관세음보살님께 내가 원하는 바가 모두 속히 이루어질 수 있기를 간절히 바란다고 기원하는 것입니다.

희구 希求 — ●

희구는 원하되 간절히 바라는 것을 말합니다.

불교에 어설피 물든 사람들이 흔히 생각하듯 '되면 다행이고 안 되면 인연이 없는가 보다'라는 식의 물도 얼음도 아닌, 반은 도통한 듯한 바람은 희구가 아닙니다. 안 되면 난 대안이 없다, 이번에는 반드시 이뤄낸다, 올 인(all in)한다, 이런 개념이 희구입니다.

2007년 6월 DVD와 서적으로 같이 출간 된《시크릿 》이라는 책이 있습니다. 론다 번(Rhonda Byrne)이란 호주 출신의 전직 TV 프로듀서가 쓴 책인데, 아마 소설《다빈치 코드》이후 가장 많은 이야깃거리를 만들고 있다 해도 과언이 아닌 특별한 책입니다.

내용은 의외로 단순합니다.

'간절히 원하라. 그러면 이루어진다. 플라톤, 레오나르도 다빈치, 아인슈타인 등 세계를 움직였던 모든 사람들에게 전수되어 온 비밀의 힘이 바로 이 간절히 원하면 이루어지는 것의 원리다. 돈, 명예, 애인, 건강 바라면 이루어진다. 단, 100% 성취될 수 있다고 믿고 그 바람의 마음을 한시도 놓치지 말라.'

불교식으로 말하면 화두 잡고 있듯이, 염불하듯이 오직 바라는 마음을 잃지만 않으면, 그 일은 머지않아 바로 현실로 내게 펼쳐진다는 것입니다. 《시크릿》에서는 이 원리를 '끌어당김의 법칙'이라고 하였습니다.

저는 이 책을 보며 '이젠 불교의 하드웨어를 희한한 소프트웨어로 풀어내는구나'라고 생각했습니다. 한편으로 근본적으로는 맞는 말이라 가정해도 그렇듯 세상 사람들이 원하는 바가 모조리 이루어진다고 더 행복한 세상이 될까 하는 의문이 생겼습니다. 곰곰이 생각해 보니 다행스럽게 이 '끌어당김의 법칙'을 이룩해 낼 정도의 흔들림 없는 바람을 갖는 사람이 실제로는 흔하지 않다는 생각이 들었습니다. 《마시멜로 이야기》처럼 몇 년, 몇 달, 아니 단 며칠 후 여러 개의 마시멜로를 충분히 즐기려는 사람보다 지금 손에 있는 마시멜로의 유혹을 이기지 못하고 먹고 마는 사람들이 더 많다는 말이기도 합니다.

하기야 나중에 보자는 사람 치고 후에 제대로 '본' 사람이 없는 게 현실이지만, 그래도 자기 일생의 가장 결정적인 일인데, 그 '갈구'가 안 될까 하는 의문이 들기도 합니다. 하지만 분명한 사실은 간절히 원하는 사람이 생각보다 많지 않다는 것입니다. 세상에서 자신의 욕심을 채우는 당연하고 어찌 보면 단순한 일에도 이처럼 지속적이고 간절한 바람을 내기가 쉽지 않은데,《천수경》에서 말하는 희구(希求)의 마음에까지 도달한다는 것은 욕심의 문제가 아니라 거의 수행의 문제에 속한다고 할 수 있습니다.

더욱이 세상의 소리로 중생을 구제하는 원을 세우고 자비를 베푸시는 관세음보살이 계신데, 그것도 아주 만족스럽고〔滿足〕빠르게〔速令〕해주신다는데도《천수경》을 수지(受持)하는 데 아직도 머뭇거린다면 바보가 되는 셈입니다.

영사멸제제죄업 永使滅除諸罪業

| 일체의 죄업을 영원히 소멸해주시고 |

관세음보살님께서 내가 과거에 지은 모든 죄를 영원히 소멸해주시길 바라는 마음의 표현입니다. 업의 소멸이 왜 중요한가 하면 과거에 내가 지은 악업은 미래 언젠가 반드시 그 과보를 받는데, 악업이 소멸되면 당연히 미래에 받을 나쁜 과보도 소멸되기 때문입니다.

죄업 罪業 ─ ●

죄업은 좀 무겁게 느껴지는 말입니다. 죄는 미워하되 사람은 미워하지 말라는 부처님 가운데 토막 같은 말도 있지만, 그게 어디 현실에 모두 적용될 수 있겠습니까.

나이 드신 분들은 잉글버트 험퍼딩크(Engelbert Humperdinck)가 노래한 올드 팝송 'Release Me'를 아실 것입니다.

Please release me let me go (제발 날 좀 놔줘)

For I don't love you any more (당신을 더 이상 사랑하지 않거든)

To waste our lives would be a sin (우리의 인생을 낭비하는 것은

　죄야)

Release me and let me love again (날 놔줘, 다른 사랑 찾게끔)

　감미로운 목소리의 운율과 달리 내용은 고약합니다. 난 다른 사람을 사랑하게 되었으니 제발 놔 달라고 사정하는데, 그 이유가 나는 다른 사랑을 찾았으니 당신과 계속 만나는 것은 인생을 낭비하는 죄(sin : 종교적, 도덕적 죄)라는 것입니다.

　최고의 여배우 엘리자베스 테일러 하면 영화 〈젊은이의 양지〉와 〈클레오파트라〉가 먼저 생각납니다. 공인된 세계 최고의 미녀인 리즈는 무려 여덟 번이나 결혼식을 올렸습니다. 마지막 결혼식 때 한 기자가, 사랑의 파트너는 개인적 선택이지만 아무리 그래도 어떻게 여덟 번씩이나 결혼을 하느냐고 물었습니다. 리즈의 대답은 간단했습니다. 사랑하지 않는 사람과 같이 잠을 자는 것은 자신을 속이는 죄라고 말입니다.

　그녀가 멋지게 느껴진 것은 어릴 때 본 영화 속의 미녀를 보는 설렘이 아니라 유언장의 내용 때문입니다. 그녀는 자신과 두 번 결혼했던 전 남편 리처드 버튼 옆에 묻어 달라

고 유언장에 명시했다고 합니다.

　이렇게 정서적 죄의 개념이 우리와는 아주 딴판인 경우 말고,《천수경》에서 말하는 '죄업'과 직접 연관되는 죄의 식에 대한 조금 우울한 예를 들겠습니다.

　월남전과 이라크전의 참전군인 중 사람을 죽였다는 죄 책감으로 평생 사회에 적응하지 못하는 경우가 허다합니 다. 그런데 참전군인들 중 죄의식을 유독 심하게 겪는 이들 은, 바로 적을 눈앞에 두고 조준 사격을 해야 했던 보병이 대부분입니다.

　함포사격을 하는 해군이나 고공비행을 하며 버튼 하나로 미리 입력된 목표물을 파괴하는 공군들이 죄의식을 느끼는 경우는 드물다고 합니다. 총질과 고성능 미사일의 살생 능 력만 비교한다면 그 죄책감의 크기가 거꾸로 된 셈입니다.

　또 이런 발칙한 생각도 해 봅니다. 조선시대 승군을 일 으킨 서산대사와 사명대사, 영규대사는 왜군을 죽인 살생 의 죄업에서 자유로운가 하는 생각입니다.《천수경》에서는 관세음보살님이 '영사멸제제죄업(永使滅除諸罪業)', 즉 일 체의 죄업을 영원히 없애준다 하였으니, 당연히 관세음보 살님께서 알아서 해결해주시겠지만, 저는 당시 스님들이 가사는 벗고 '그 일'을 하셨기를 진심으로 바랍니다.

1, 2차 세계대전 시 많은 신부와 목사도 참전하였습니다. 그들은 최소한의 자기방어 무기인 권총도 소지하지 않는 경우가 허다했습니다. 때로는 적의 포로가 되기도 하였습니다. 그러나 그들은 전장(戰場)에서 죽어가는 적군을 위해 기도를 하였고, 심지어 자군(自軍)의 군목(軍牧)이 전사했을 경우에는 포로로 잡힌 적군의 군목에게 기도를 부탁하기도 하였습니다.

이것은 호국불교란 이미지가 기복불교 만큼 트레이드마크화 된 한국불교가 극복해야 할 현실 중 하나라는 사실이 저의 생각입니다.

천룡중성동자호 天龍衆聖同慈護

| 하늘의 신과 성현들이 자비로써 보호해주며 |

서양에서는 대체로 용을 악신에 비유하는 데 반해, 불교에서는 물론 동양에서는 하늘 위에 사는 용을 인간을 보호해주는 선신(善神)으로 인식하고 있습니다. 부처님 탄생 시 두 천룡이 아기 부처님께 청정수를 뿌리며 경배했다고 합니다.

이런 선신인 용과 불법을 수호하는 모든 성현과 신들이

관세음보살님과 같은 자비심으로 보호해주시길 바란다는 뜻입니다.

중성 衆聖 — ●

중성은 불법을 옹호하는 신들을 말합니다.

예불 때 부처님 전에 공양을 올린 다음 다시 옆의 칼과 금강저(金剛杵) 등으로 무장하고 호위병도 여럿 거느린 탱화인 신중단(神衆壇)에 퇴공(退供)하여 올리는데, 이 신중단에 모셔져 있는 분들이 바로 중성(衆聖)입니다.

모든 경전의 마무리는 이 신들이 부처님 말씀을 듣고 환희하여 발원하는 형식으로 끝나게 됩니다. 그 예로《금강경》을 살펴보면 다음과 같이 경이 마무리됩니다.

부처님께서 이 경을 말씀하여 마치시니, 장로 수보리와 비구·비구니와 우바새·우바이와 여러 세계의 하늘사람(天人)·세상사람(世間)·아수라(阿修羅)가 부처님 말씀을 듣고 모두 다 크게 기뻐하며 믿고 받들어 행하였다.

여기서의 하늘사람〔天人〕이 말하자면 중성(衆聖)에 속하는 존재입니다. 성중(聖衆)은 이 신들의 여러 부류를 일컫는 말이니, 《천수경》의 '중성(衆聖)'이나 성중(聖衆), 신중(神衆)은 거의 같은 뜻으로 여기셔도 됩니다. 이 신들은 불법을 보호하고 불도를 이루고자 하는 중생을 보호하여, 불법을 따르는 데 장애가 없게 하는 역할을 자임한 분들입니다. 그러니 출가수행자뿐만 아니라 불교신자들도 모두 옹호해주는 역할을 하는 신입니다. 단, 불법을 제대로 받들고 제대로 수행하는 신자에 한한다는 것을 잊지 마십시오.

이 성중들에 관한 재미있는 설화가 전해 옵니다.

원효스님과 동시대에는 그 경지가 대단한 스님들이 몇 분 계셨습니다(원효스님은 생몰연대가 명확하지 않습니다). 원효스님 이상으로 한국불교에 절대적 영향을 미친 의상스님이 그런 스님 중 대표적인 분입니다. 의상스님은 도선스님(신라 말 풍수지리로 유명한 도선국사가 아닙니다.)과도 친분이 두터웠습니다. 그런데 이 도선스님은 계행이 청정한 율사(律師)로, 사시(巳時 : 오전 9시 30분~11시 30분)에 천신들이 직접 공양을 올리는 천공(天供)을 받으셨다고 합니다.

어느 날 도선스님이 의상스님을 청하여 이 천공을 대접하려 했습니다. 그런데 아무리 기다려도 천신들이 천공을 올리지 않아, 의상스님은 그냥 돌아갔고 도선스님은 낭패를 당한 것입니다.

의상스님이 떠나버리고 조금 있자 그제야 천신들이 공양을 가지고 왔습니다. 도선스님이 호통을 치며 늦은 연유를 묻자 천신이 답하길, 의상스님 주위에 신장(神將)들이 호위를 하고 있으니 자신들은 감히 들어올 수 없었다고 하였습니다.

이런 유사한 얘기는 무수히 많고, 저도 신장의 위신력을 경험한 적이 있습니다.

《천수경》의 중성(衆聖), 곧 성중(聖衆)은 중생과 수행자의 경호원과도 같은 존재인 것입니다.

백천삼매돈훈수 百千三昧頓薰修

| 온갖 삼매를 한꺼번에 닦으며 |

백천 가지만큼이나 수많은 삼매들을 내가 단 한 번에 다 닦아 이룰 수 있도록 다짐하며 또 기원하는 것입니다.

삼매 三昧 — ●

삼매 하면 한 가지면 됐지 '백천 삼매'라니 삼매의 종류가 이토록 많다는 말인가 하는 분들이 있겠지만, 정말 그렇게 삼매 종류가 많습니다. 독서삼매에서부터 염불삼매에 이르기까지 무엇에든 열중하면 그것이 모두 삼매이긴 합니다. 크게는 반주삼매, 공삼매, 법화삼매, 수능엄삼매, 해인삼매, 화엄삼매 등 설명하기도 어려운 삼매들이 수두룩합니다.

본격적인 말씀을 드리면 삼매의 목적은 관(觀)·정(定)·지(止)·혜(慧)에 있는데, 깨달음에 이르기 위한 전형화 된 마음 수행의 틀이기도 합니다. '관'은 집착하지 하고 정교한 마음으로 일체를 관찰하는 방법인데, 위빠사나 수행이 대표적입니다. '정'은 선정(禪定)이라는 말에서 느낄 수 있듯이 일체의 번뇌를 초월해버리는 경지입니다. '지'는 어떤 상황에서도 마음의 흔들림이 없도록 고요함을 유지하는 것입니다. '혜'는 앞의 세 가지와는 조금 다르긴 합니다만 제가 가장 중요시하는 수행의 목표입니다. 왜냐하면 무슨 삼매든 혹은 어떤 수행이든 결국 지혜를 얻지 못하면 공(空)에서 헤맨 꼴이 되기 때문입니다.

이 문제는 대단히 어렵고 미묘한 사안이지만 한국불교가 간화선이 최고의 수행법이라는 확신을 주기 위해서라도 반드시 명백한 개념 정리가 이루어져야 한다고 생각합니다.

돈훈수 頓薰修 ─ ⁂

돈훈수는 불교의 본격적인 수행을 논할 때 빠져서는 안될 정도로 특별한 말입니다.

'돈(頓)'은 단숨에 깨닫는다는 의미이고, '훈(薰)'은 서서히 훈습(薰習)되다라는 의미로, 실은 상반되는 말의 조합인 것입니다. '돈'이 깨달음은 몰록에 이뤄진다는 돈오(頓悟) 쪽이라면, '훈'은 연기가 냄새로 배듯이 꾸준히 이뤄지는 점수(漸修) 쪽입니다.

그럼 이 모순을 어찌 해석해야 《천수경》의 바른 해석이 될까요. 점수로 닦는 온갖 삼매를 한꺼번에 그리고 단번에 돈오시키는 능력을 관세음보살님이 갖추시고, 우리도 그렇게 이루도록 이끄신다고 해석하면 됩니다.

지금도 매년 열리지만, 1986년에 그 해 최고의 와인을 선정하는 행사가 있었습니다. 세계의 내로라하는 와인 전문가들이 와인의 맛을 감별하고 선정하는 것인데, 와인 병의 라벨을 가리고 오직 향과 맛으로 최고를 선택하는 블라인드 테스트(Blind Test) 방식으로 합니다.

블라인드 테스트란 간단히 생각해 예전에 펩시콜라가 채택했던 광고 방식을 떠올리시면 됩니다. 거리에서 상표를 가리고 시민들에게 코카콜라와 펩시콜라를 마시게 한 후 맛있는 콜라를 고르게 하면 의외로 펩시콜라를 많이 선택했었습니다. 이처럼 선입관이 작용하지 않도록 정보를 전혀 주지 않고 맛으로만 승부하는 방식이 블라인드 테스트입니다. 그런데 '와인' 하면 프랑스라는 등식이 자동으로 성립이 되던 때에 놀랍게도 미국 캘리포니아 산 와인이 승리했던 것입니다.

문화적 자존심으로 따지자면 미국인은 촌놈이란 생각으로 가득 찬 프랑스로서는 결코 인정할 수 없는 결과였습니다. 그래서 프랑스 전문가들은 와인은 다른 술과 달리 숙성의 기술이 더욱 요구되는데, 지금의 와인들이 숙성되면 단연 미국의 와인들은 프랑스 정통 와인에 도전할 수조차 없을 것이라고 주장하며 자신들의 자존심을 유지하려고 했습니다.

드디어 2006년, 와인이 최고의 맛을 내는 데는 충분한 숙성 기간이 지난 20년째 되는 해에 미국과 프랑스 와인들이 20년 전과 같은 방식으로 다시 블라인드 테스트를 하였습니다. 심사위원 중에는 프랑스인이거나 프랑스 와인에 우호적인 사람이 훨씬 많았습니다. 하지만 그 결과는 놀랍게도 20년 전에 승리한 미국 캘리포니아 산 와인이 다시 우승을 하였습니다. 그것도 미국산 와인이 상위 랭킹의 2/3

를 차지해 버렸습니다. 프랑스인 심사위원들은 얼굴이 굳어진 채 참담하게 프랑스로 돌아가 버렸습니다.

20년 간 미국의 와인 양조 전문가들은 '숙성'의 기술을 끊임없이 개발해 내 결국 프랑스 와인의 마지막 자존심까지 무너뜨린 것입니다. 반면 보르도와 브르고뉴로 대표되는 프랑스 샤또(포도 농장)에서는 이름값만 믿고, 아무런 새로운 노력을 하지 않았던 것입니다.

한국불교도 마찬가지입니다.

지금은 우리가 선불교의 최고라고 하지만, 그 맥과 사상은 결국 중국불교에서 벗어나지 못하는 게 현실입니다. 중국은 경제 운영에 있어서는 이미 사회주의 국가가 아니라 우리나라보다 더 자본주의화 되어가는 면이 있을 정도로 빠른 변화가 진행 중인 대국입니다. 더군다나 단군시대부터 현대에 이르기까지 우리나라에 정치 · 경제적으로 큰 영향을 미치고 있는 나라입니다. 이런 무시할 수 없는 거대국가가 국가적 차원에서 종교로서의 불교를 중흥시키고 있습니다. 이 말은 자칫하다가는 한국불교가 중국불교의 그늘에서 묻혀버릴 수도 있다는 경고이기도 합니다.

조주(趙州)선사나 육조 혜능(慧能)의 불교를 논하지 않으면 할 말이 별로 없는 것이 한국불교의 현실입니다. 몇

왕초보 천수경박사 되다

십 년, 몇 백 년 후 중국에서 불교를 중흥시켜 그들의 고승인 혜능을 논한다면, 한국불교가 아무리 중국의 혜능을 논한들 어느 누가 관심을 갖겠느냐는 말입니다.

그 문제는 먼 훗날의 일이라고 해두고, 당장은 한국불교 내에서 자칭 타칭 상당한 경지에 오르셨다는 스님들을 '블라인드 테스트' 해 볼 길은 없나 하는 생각이 드는 게 제 솔직한 심정입니다. 원효와 의상의 불교 맛은 제대로 느껴 보지도 못했으면서, 입만 떼면 조주 · 임제 · 혜능의 맛이 최고라고 거의 일방적으로 한국불교의 식단을 짜버리지 않았습니까?

수지신시광명당 受持身是光明幢

| 신묘장구 대다라니를 수지하면 내 몸은 광명의 깃발이고 |

수지심시신통장 受持心是神通藏

| 신묘장구 대다라니를 수지하면 마음은 신통스런 곳간이네 |

《천수경》의 신묘장구 대다라니를 받아 지니고 외우면 외적으로 내 몸은 진리의 상징인 광명의 깃발이 되는 것이고,

내적으로는 내 마음이 신묘장구 대다라니의 신비하고 미묘한 힘의 원천이 된다는 뜻입니다.

광명당 光明幢 —●

광명당의 '당'부터 설명하겠습니다. 동서고금을 막론하고 깃발[幢]은 공통적으로 권위와 힘을 나타내며, 집단의식을 공고히 하고 자신의 정체성을 표현하는 간단한 방법 중 하나입니다.

요즘의 기업 '로고' 역시 같은 효과가 있습니다. 무속인들은 여기에 신당(神堂)이 있다는 표시로 붉은 깃발을 걸어 놓기도 합니다. 유럽은 귀족 가문마다 문장(紋章)을 사용하였고, 일본의 막부(幕府)도 마찬가지였습니다. 지금도 군대의 깃발은 용기와 자부심을 드높이는 상징으로서의 역할을 합니다.

그런 의미에서 《천수경》의 당(幢)은 '눈으로 구별되는 가장 큰 가치'라는 뜻으로 사용된 것입니다. 또한 광명은 불교뿐만 아니라 거의 모든 종교와 철학에서 절대 진리를 대신하는 언어입니다.

아미타불을 본래 뜻으로 풀어 보면 무량수(無量壽), 무량광(無量光)입니다. 수명에 시간적 한계가 없는 까닭에 무

왕초보 천수경박사 되다

량수라 하며, 공간적 제한이 없는 빛과 같기에 무량광이라 합니다. 《천수경》의 '광명'이나 아미타불의 '광'이나, 법 그 자체라는 의미가 있습니다. 광명당은 광명(불법)이라는 눈에 보이지 않는 것에 당(몸)이라는 실재하는 것을 붙인 것이니, 풀이하면 '몸 자체가 법신'이라는 뜻입니다. 즉 《천수경》의 대다라니인 신묘장구 대다라니를 수지하는 내 몸은 곧 법신이라는 뜻이 '수지신시광명당'의 의미입니다.

그리고 법신인 몸이 있으면 그 몸에 구성되는 '마음'이 있을 것 아닙니까? 그래서 바로 '수지심시신통장'이라는, 내 마음은 신통스런 곳간이란 말을 연속적으로 한 것인데, 역시 전제조건은 신묘장구 대다라니를 수지하는 것이라는 말입니다.

장(藏)은 팔만대장경의 '장'과 같이 감추어진 것(곳)이라고 간단히 말씀드려도 이해하실 것 같습니다.

신통(神通)이라는 말은 거론하자면 믿거나 말거나 할 정도의 얘기가 아주 많습니다.

부처님의 10대 제자 중 목련존자가 신통제일이었는데, 사람들을 모아놓고 공중에 가부좌한 자세로 앉아 있는 신통을 보이다 부처님께 호되게 야단맞았다는 얘기도 전해집니다.

불법을 닦다 어느 정도 경지(최소한 아라한의 경지)에 이르면 자연히 삼명육통(三明六通)이 열린다고 합니다. 육신통(六神通)은 남이 보지 못하는 것을 보고〔天眼通〕, 다른 사람이 듣지 못하는 것을 듣고〔天耳通〕, 어디든 마음먹으면 자유자재로 갈 수 있고〔神足通〕, 타인의 마음을 훤히 읽고〔他心通〕, 전생의 일도 모두 알고〔宿命通〕, 번뇌를 없애는 힘을 가지는 것〔漏盡通〕 등을 일컫는 말입니다. 이 중 천안통·숙명통·누진통을 삼명(三明)이라고 합니다.

이 육신통 중 일부는 저나 여러분도 확실하게 갖고 있는 것도 있는데, 천안통(망원경)·천이통(핸드폰)·신족통(비행기)이 여기에 해당되는 것 같습니다.

이런 '통'이라면 사족을 못 쓰는 속물들에게 사기 치기 제일 좋은 것은 숙명통입니다. 전생에 무슨 죄를 지어서 지금 그 모양으로 고생하니 돈을 얼마 들여 무엇을 당장 해야 한다고 겁주면, 그 말을 진짜로 믿고 두려움이 생겨 십중팔구 속아 넘어가게 되어 있습니다.

그러나 다른 다섯 가지 신통은 다 얻어 보았자 의미가 없고, 오직 누진통만 의미가 있는 것입니다. 번뇌가 모조리 다스려진다〔漏盡〕는 것이 누진통인데, 말 그대로 번뇌가 다스려지면 바로 깨달음 아닙니까?

수행의 길이 이처럼 어렵지만 성취하면 참으로 신기한

일이기에 이를 두고 신통의 '통(通)'이라 한 것입니다. 더군다나 이 깨닫는 일은 내 마음속에서 이루어지는 것이기에, 《천수경》에서는 '수지심시신통장'이라고 한 것입니다.

이렇듯 《천수경》은 간결하지만 대단히 깊은 뜻이 숨어 있는, 불교공부의 곳간[藏]이기도 합니다.

세척진로원제해 洗滌塵勞願濟海
| 온갖 번뇌 씻어내어 고해의 바다 건너 |

초증보리방편문 超證菩提方便門
| 속히 깨달음의 방편문을 증득하게 하여지이다 |

내게 있는 작은 티끌 같이 헤아릴 수 없는 모든 번뇌와 고통이 물로 씻겨 없어지듯 단번에 사라지면 그것이 곧 중생의 세계인 고해의 바다에서 벗어나는 길이고, 더 나아가 깨달음까지도 성취될 수 있기를 바란다는 뜻입니다.

보리 菩提 — ◉
보리(菩提)는 《천수경》에 나오는 말 중에서도 비교적 어려운 말입니다. 앞의 '세척진로원제해'는 윗줄에 풀어놓은 대로 이해하는 것만으로도 충분하지만, '보리'와 '방편'은 세심한 설명이 필요합니다.

보리(菩提)의 '提'는 본래 음이 '제'인데 유독 불교에서만 '리'로 읽습니다. 《천수경》설명 중 시방(十方)의 '十'도 십이 아니라 '시'라 읽고, 뒤에 나올 도량(道場)의 '場'도 장이 아니라 '량'이라 읽습니다. 불교 경전에는 이런 한자가 꽤 있는데 읽으시는 분들이야 익숙해지면 불편이 없을지 몰라도, 이렇게 컴퓨터로 원고를 쓰다 보면 한자를 입력할 때 불편하긴 합니다.

보리는 깨달음이라는 뜻입니다. 불교에서 흔히 관세음보살, 지장보살 같은 보살 지위 정도의 깨달음을 나타내는 말입니다. 보살이란 단어는 산스끄리뜨어 보디사뜨바(Bodhi 깨달은 + sattva 사람)를 원어 발음에 가장 가깝게 한자로 표시하다 보니 보리살타(菩提薩埵)가 되고, 이 말이 줄어 다시 보살(菩薩)이 된 것입니다. 그러니 《천수경》의 보리를 이해하려면 깨달음이 도대체 무엇인가 하는 문제가 해결되어야 하는데, 깨달음을 완성하지 못한 제 능력으로는 당연히 설명이 불가합니다.

다만 통상적으로 빠지기 쉬운 깨달음에 대한 오해에 대

왕초보 천수경박사 되다

해서는 명확하게 말씀드릴 수 있습니다. 우리는 깨달음을 평상심과는 대단히 심각하게 다른 세계의 정신적인 '무엇'이라고 상정합니다. 물론 틀린 말은 아닙니다. 그리고 또 한 가지, 어리석음의 극치인 무명(無明)의 정반대에 깨달음이 있다고 생각합니다. 그러나 무명과 깨달음이 양 극단에 있다는 생각은 불교를 이해하는 데 큰 장애입니다.

무명과 깨달음 두 가지 영역 모두 자신이 생각하는 크기만큼 생기고 존재합니다. 더욱이 떨어진다, 빠진다는 말도 무명과 깨달음 두 경우에 다 해당되는 말입니다. 즉 무명에만 '빠지는' 것이 아니라 깨달음에도 '빠진다'는 말이 성립됩니다. 어리석으면 당연히 어리석은 만큼 무명에 빠진 것이고, 깨달음도 자신이 깨달았다고 감지하는 순간 그 크기에 해당하는 만큼의 깨달음에 빠져버리게 되는 것입니다.

'빠진다'는 것은 밖에서 안으로 들어간다는 의미이니, 안팎의 구별을 전제로 하는 그 '무엇이든' 그것은 법계와 진리의 이치에서 어긋나게 됩니다. 더군다나 빠진다는 것은 부처님의 가르침 중 '집착하지 말라'는 말씀에 크게 어긋나는 것입니다. 그러니 깨달음에 빠지나 무명에 빠지나 실은 똑같은 것입니다. 깨달음에 빠지는 것[法執]이 격이 높은 건 절대 아닙니다. 《천수경》에서 말하는 보리 정도의 깨달음이라면 모를까, 아닌 말로 시중에 유통되는 깨달음의 수준은 이 범주를 결코 넘지 못하고 있습니다.

《천수경》에서는 이런 깨달음의 경지에서 한 걸음 더 나아가 '방편문'까지 언급하고 있습니다.

방편方便 —●

방편이란 말은 참 재미있는 말입니다. 중생들에게 불법을 이해시키고 깨달음에 도달하게 하기 위한 기발하고 그럴 듯한 방법을 말합니다. 또한 그 방법이 중생 모두에게 이익이 되는 절대선(絕對善)이어야 방편이라 말할 수 있습니다.

원효스님이 '나무아미타불'을 노래하듯 입에 달고 다닌 것이 대표적입니다. 문자를 모르는 중생도, 불법을 모르는 중생도, 아미타불의 의미를 모르는 중생도, 노는 입에 '아미타불'만 부르면 된다 이것입니다. 비렁뱅이들과 동냥 바가지를 두드리며 장터에서는 덩실덩실 춤추고 주막에서는 막걸리를 마시며 외치는 '나무아미타불', 이보다 더 장엄하고 거룩한 아미타불 염불이 세상에 어디 있겠습니까?

요즘은 절에서 돈을 만들기 위해 적당히 정법(正法)에서 벗어나는 일까지도 방편이라고 둘러댑니다. 심지어 절에서 점을 봐주고 부적 써주는 일도 방편이라고 둘러대는 스님도 있습니다.

제가 《천수경》을 해설한다며 난데없이 음악이나 영화 등 불교와 관련이 없어 보이는 예들을 드는 것도 독자의 이해를 돕기 위한 방편인 것입니다. 또 인터넷 세존사이트 (www.sejon.or.kr)를 운영하며 매일 불자들과 대화를 나누고 있는데, 이것 역시 방편인 것입니다.

그런데 처음에는 불교용어의 올바른 이해를 돕는 정도로 시작하였다가 6년 정도 지난 지금은 이런 논제를 제기하고 토론을 유도합니다.

예를 들면 다음과 같은 논제들입니다.

'연기 = 공 = 중도'는 성립하는가?

깨달음은 곧 성불인가?

보살은 중생에 가까운가, 부처에 가까운가?

불교의 '업'을 기독교의 '하느님의 뜻'으로 대치하면 달라질 것은 무엇인가?

이런 내용들이 '무명과 깨달음의 차이는 무엇인가?'와 더불어 실제로 논의된 것들인데, 처음에는 회원들이 당황하고 난감해했지만 이제는 토론이 잘 이루어집니다.

이런 난감해 보이는 논제를 내는 것도 불자들에게 공부를 시키는 방편입니다. 어렵다고 여기거나 당연한 말이라 생각하면 공부가 늘지 않습니다. 논제에 대해 고민하는 과정을 통해서 회원들은 스스로 이런저런 문제를 내면으로 혼자 확인하고 답을 도출해 내야 하는데, 바로 그것이 공부가 되는 것입니다.

그리고 다른 사람들이 올린 글을 읽으며, 때론 나와 다른 견해를 갖고 있는 사람도 있구나 실감함으로써 생각의 지평을 넓힐 수 있습니다. 더욱이 토론을 하려면 상대를 이해시키고 본인 스스로 생각을 정제하는 과정이 필수적인데, 이것은 단순히 말장난이나 지식의 자랑 가지고 될 일이 아니기 때문에, 자연히 불교공부가 성숙해질 수밖에 없습니다.

그러니 인터넷상이라 하더라도 단순한 불교 교리 공부가 아닌 마음의 수행이 될 수밖에 없습니다. 그런데 자신의 마음을 조절하는 이 단계를 넘지 못하고, 상대가 내 마음을 이해하지 못한다고 화를 내거나 일방적인 주장으로만 일관하다가는 다른 회원들의 날카로운 지적을 감당하지 못하고 결국은 제 풀에 꺾여 논의에 제대로 동참할 수 없습니다.

이러니 저도 컴퓨터와 인터넷에 많은 부분을 의지하는 현대인에게 절에는 가지 못하더라도 언제든 접속만 하면 인터넷 법회에 참석하여 바른 불법을 접할 수 있게 하는 꽤 괜찮은 방편을 사용하는 셈입니다.

　주제넘는 말씀은 여기서 접고《법화경》에서 보여주는 부처님의 오리지널 방편을 소개하겠습니다.《법화경》의 3대 비유와 방편을 거론할 때는《법화경》제4〈신해품(信解品)〉의 내용이 대표적으로 인용되는데, 이와 유사한 내용이 성경에도 있다고 하여 더욱 관심을 끕니다. 조금 긴 느낌은 들지만 중간에 끊을 수 있는 내용이 없어 그대로 우리말로 해석하여 현대식으로 옮겨 보았습니다.

　어떤 사람이 어린 시절에 아버지를 버리고 가출하여, 외지를 전전하길 10년, 20년에, 50년이 되었습니다. 이제 늙고 곤궁하기 짝이 없어 사방으로 구걸하며 다니다 우연히 자신의 고향으로 돌아오게 되었습니다. 그간 그의 아버지는 가출한 아들을 찾아다니다 만나지 못하고 그만 어느 도시에 머물러 살았습니다. 아버지는 부자가 되어 재물이 무척 많았는데, 금 · 은 · 유리 · 산호 · 호박 · 파리 · 진주 등이 창고마다 가득 찼으며, 노비 · 상노 · 청지기 · 관리인들을 거느리고, 코끼리 · 말 · 수레 · 소 · 양들이 헤아릴 수 없으며, 곡식 등을 팔고 사는 사업이 인근 나라에까지 이르러 장사꾼과 중개인들이 매우 많았습니다. 마침 그때 가출하여 거지가 다 된 아들이 이 마을 저 마을 이 도시 저

도시를 지나다가, 마침내 아버지가 살고 있는 도시에 이르렀습니다.

아버지는 그동안 항상 아들에 대해 생각하길, 아들을 이별한 지가 벌써 50년이 되었으나 다른 사람에게는 한 번도 말하지 않았고 마음속으로 한탄하였습니다. '내가 이토록 늙었는데 재산은 많아서 금은 등 보배는 창고에 가득하나 자손이 없으니, 내가 죽을 때 유산을 물려줄 사람이 없어 재산이 물거품이 되겠구나. 더욱더 헤어진 아들이 간절해지는구나.' 또 '내가 만약 아들을 만나게 되어 재산을 물려줄 수만 있다면 모든 근심 없어지고 행복할 텐데…' 라는 생각뿐이었습니다.

이때에 거지꼴이 다 된 아들은 품을 팔며 이리저리 다니다 드디어 아버지가 사는 집 대문 가까이에 이르렀습니다. 멀리서 문 안쪽의 아버지를 살펴보니, 아버지는 사자좌에 앉아서 보배로 만든 받침에 발을 올려놓고 바라문(婆羅門)과 찰제리(刹帝利)와 거사(居士)들이 공경하여 둘러 앉아 있고, 무척 호화롭고 값비싼 진주와 보석 등으로 몸을 치장하였고, 관리인과 하인들이 하얀 불자(拂子)를 들고 좌우에서 보필하며, 보배 휘장을 두르고 꽃 번(幡)을 드리웠고, 향수를 땅에 뿌리고, 갖가지 아름다운 꽃으로 장식해 놓고, 보물들을 벌여 놓고 내주고 받아들이는 등 매우 호화롭게 장식되어 있을 뿐만 아니라, 그 모습이 위엄과 덕

왕초보 천수경박사 되다

이 넘쳐 대단하다고 여겨졌습니다.

궁색하기 짝이 없는 아들은 아버지가 큰 권력과 재산을 갖고 있는 데 압도당해 곧 두려워져서 그 자리에 온 것을 후회하면서 혼자 이렇게 생각하였습니다.

'저 분은 필경 왕이거나 혹은 왕과 대등한 분이신가 보다. 나 같은 처지에 품을 팔아 돈을 달라고 할 데가 못 된다. 다른 조그 만 도시에서 마음대로 품을 팔아 의식을 해결해야 할 것 같다. 행여라도 여기 오래 있다가 공연히 이 집에 붙들려 강제로 일을 시킬지도 모르겠구나.' 이런 생각에 겁이나 당장 그곳을 떠났 습니다.

그때, 아버지는 사자좌에서 이미 그가 아들인 줄 알아채고 매 우 기뻐서 이렇게 생각하였습니다.

'내 창고에 가득한 재산을 이제 물려줄 데가 있구나. 내가 이 아들을 항상 생각하면서도 만날 수 없었지만, 이제 제 발로 내 앞에 나타났으니 나의 소원을 이루게 되었구나. 내가 비록 늙었 으나, 아들에 사무치는 마음은 변함이 없도다.'

당장 사람을 보내 아들을 데려오게 하였습니다.

이렇게 아버지의 하인이 아들에게 다가가서 붙드니, 이에 궁 색한 아들은 놀라고 기겁하여 "나는 아무 잘못이 없는데 어찌 잡으십니까?"라고 말하며 도망가려 하니 하인은 더 급하게 붙들고 억지로 같이 가자고 하였습니다. 이때 아들은 '죄 없이 붙잡혀 가게 되니 이거 죽게 되는가 보다.'라고 생각하여 너무나 놀라 땅에 누워 기절해버리고 말았습니다.

아버지가 멀리서 이 광경을 보고 하인에게 말했습니다.

"그 사람은 내겐 필요 없으니 강제로 데려오지 말고, 찬물이나 얼굴에 부어 정신 차리게 하고 아무런 말도 하지 말라."

아버지는 비록 자신의 아들이지만 그 마음의 용렬함을 눈치챘고, 자기의 부귀가 오히려 아들에겐 두려움을 일으키는 것이라 생각하고, 자기 아들이 분명하지만 수승한 방편으로 자기의 아들이란 것을 아무에게도 말하지 않은 것입니다.

그래서 하인이 아들에게 말하였습니다.

"그래, 너를 잡지 않을 테니, 마음대로 하거라."

궁색한 아들은 다행이라 여기고 기뻐하며 땅에서 일어나 가난한 도시로 가서 밥벌이를 하였습니다.

그 후, 아버지는 그 아들을 안심하게 하여 데려오려고 한 방편을 생각하였는데, 모습이 초라하고 보잘것없는 두 사람을 은밀히 보내면서 이렇게 일렀습니다.

"너희들은 그 사람에게 가서, 저기 품 팔 곳이 있는데 품값은 다른 곳의 두 배를 준다고 하거라. 그래서 그가 좋다고 하면 데려오되, 무슨 일을 시킬 것이냐고 묻거든, 거름을 치는 일인데

왕초보 천수경박사 되다

우리도 함께 일 한다고 하거라."

그 두 사람은 궁색한 아들을 찾아가서 아버지가 당부한 그대로 말하였고 아들도 수긍하여, 궁색한 아들은 드디어 아버지의 집에서 삯부터 먼저 받고 거름을 치며 살게 되었습니다. 그리고 아버지는 아들이 하는 일을 가슴 아프게 지켜보고 있었습니다.

그러던 어느 날 아버지가 방 안에서 창 밖을 보니, 아들의 몸은 야위어 초췌하고, 먼지와 거름이 몸에 가득하여 더럽기 짝이 없었습니다. 그 모습을 보고 아버지는 귀한 보석과 화려한 의복과 장신구로 치장한 옷이 아닌, 아들과 같이 때가 묻고 허름한 옷으로 갈아입고 일부러 흙을 몸에 묻히고, 오른손에 거름 치는 도구를 들고 조심스레 일꾼들이 있는 곳으로 가서 말했습니다.

"그대는 부지런히 일하고 게으름을 피우지 마라. 그대는 이 집에서만 일하고 다른 곳에는 가지 마라. 품삯도 차차 올려줄 것이고, 지내기에 필요한 그릇·쌀·밀가루·소금·초 등은 걱정하지 않아도 된다. 나의 많은 하인이 살펴주고, 필요한 것은 요구하는 대로 줄 것이니 안심하고 일만 하거라. 나는 너의 아버지와 같으니, 염려하지 말아라. 왜냐하면 나는 늙었고 너는 아직 젊었으며, 너는 일할 때에 게으름을 피우거나 속이거나 화를 내거나 남을 원망하는 일이 없는 것으로 보아 다른 사람처럼 나쁘지 아니하구나. 이제부터는 내가 낳은 친아들과 같이 생각하겠다."

이렇게 안심시키며 아버지는 그에게 이름을 다시 지어주고 아들이라고 불렀습니다.

궁색한 아들은 이런 대우를 받는 것이 기뻤으나, 마음속으로는 여전히 자신은 머슴살이 하는 천한 사람이라고 생각했습니다. 그래서 20년 동안 항상 거름만 치다가 주인인 아버지와는 점점 마음을 서로 알고 믿어서 허물없이 지낼 수 있으면서도, 거처는 역시 본래 있던 곳에서 하는 것을 편하게 여기고 있었습니다.

그런데 어느날 아버지가 병이 났습니다. 그래서 아버지는 자신이 얼마 살지 못할 줄을 이미 알고 궁색한 아들에게 당부하였습니다.

"내게는 지금 금은 등 보배가 많아 창고마다 가득 차 있다. 창고 안에 있는 재물들이 얼마 만큼인지, 받고 내주는 거래를 이제부터 모두 네가 맡아서 처리하거라. 나의 마음이 이러하니, 너는 내 뜻을 받들어라. 왜냐하면 이제는 나와 네가 한식구나 다름없이 서로 믿으니, 조심해서 관리하고 소홀히 하거나 실수하지 않도록 하거라."

이 말에 궁색한 아들은 그 당부대로 온갖 금은 등 보배로 가득한 창고를 관리하게 되었지만, 정직하여 밥 그릇 하나라도 사

왕초보 천수경박사 되다

사로이 가지려는 생각도 안 함은 물론 거처도 역시 본래 쓰던 곳을 그대로 사용하였으나, 아직도 용렬한 마음만은 버리지 못하였습니다.

그리고 얼마 후에 아버지는 아들의 용렬했던 마음이 점점 나아져 큰 뜻을 가지게 되고, 과거의 자신이 크게 부족했음을 반성하는 생각을 갖게 된 사실을 알았습니다. 드디어 아버지는 죽음이 임박하자 아들을 시켜 친척과 국왕과 대신과 찰제리와 거사들을 모이게 하고 이렇게 선언하였습니다.

"여러분, 이 아이가 실은 내 친아들이요. 내가 낳아서 길렀는데, 어느 땐가 고향에서 나를 버리고 가출하여 여러 곳을 전전하기를 50여 년이 흘렀습니다. 이 아이의 본관은 아무개이고 내 이름은 아무개입니다. 그때 고향에서 근심이 되어 찾느라고 애를 쓰고 있었는데 뜻밖에 여기서 만났습니다. 이 아이는 진정한 내 아들이고, 나는 이 아이의 아버지입니다. 지금부터는 내가 가졌던 모든 재산이 모두 이 아이의 소유이며, 지난날 출납하던 일도 앞으로는 모두 아이에게 맡겨서 하게 할 것입니다."

궁색한 아들은 이런 아버지의 말씀을 듣고 크나큰 교훈을 얻었다고 환희하며 '나는 본래 이 재산에 대해서는 아무런 기대도 없었는데, 이제 이 엄청난 보배광이 저절로 내 것이 되었도다.'라고 생각하였습니다.

이 이야기를 '장자(長子)와 궁자(窮子)의 비유'라고 합니다. 부처님[長子]이 어리석은 중생[窮子]을 차근차근 깨달음의 세계로 인도하고 구제하는 모습에 비유한 것입니다. 이런 기막히게 훌륭한 방법이 《천수경》에서 말하는 방편(方便)입니다.

아금칭송서귀의 我今稱誦誓歸依

| 내가 지금 대비주를 칭송하며 귀의하오니 |

소원종심실원만 所願從心悉圓滿

| 원하는 일 마음대로 원만하게 이뤄지이다 |

내가 지금 크고 귀한 신묘장구 대다라니를 칭송하며 관세음보살님께 귀의하니, 내가 원하는 일들이 마음 따라 아주 잘 이루어지길 간절히 원한다는 뜻입니다.

귀의 歸依 ─●

귀의는 불교의 근간을 이루는 단어이니, 의미를 잘 새겨두실 필요가 있습니다.

부처님 재세(在世) 시 제자가 되기를 청하는 이들에게 귀의의 다짐을 받았습니다. 지금은 절에서 법회 등 의식(儀式) 때 가장 먼저 하는 것이 삼귀의(三歸依)이고, 《천수경》도 마무리를 삼귀의로 하고 있을 정도로 귀의는 불교신앙의 근본인 것입니다. 또한 부처님 전에 올리는 조석 예불문의 '지심귀명례'의 귀명(歸命)도 귀의와 같은 뜻입니다.

귀의는 '내 모두를 맡기고 의지한다'는 뜻인데, 심정적으로는 기독교인이 하느님의 뜻에 모든 것을 바치고 맡기는 것과 같습니다. 다만 기독교는 신(神)에 의지하는 것이고, 불교는 내 마음속의 부처님께 의지하는 점이 다를 뿐입니다.

그런데 《천수경》에서는 귀의의 의지처를 관세음보살에 두고 있습니다. 불교의 심오한 부분까지 들어가면 관세음보살도 내 마음속의 '자비심'과 동일한 존재라는 등식이 가능합니다. 그러나 어찌 모든 사람들이 처음부터 그런 깊이에 도달할 수 있겠습니까.

불교의 믿음에 확신이 서지 않고 의심나며 때론 마음이 마구 흔들리며 세상의 어려움에 대책이 서지 않을 때, 무엇인가 의지의 대상을 찾고 그것으로 다시 용기를 얻어 최선을 다해 어려움에서 벗어난다면 얼마나 다행스런 일이겠습니까. 그런 믿음과 의지가 바로 귀의의 뜻이며, 《천수경》

에서는 그 대상을 관세음보살과 관세음보살의 신비스런 주문인 신묘장구 대다라니로 설정해 놓은 것입니다.

나무(南無)도 귀의와 같은 의미라고 생각하시면 됩니다.

소원 所願 ─●

제가 출가는 하였지만 아직 사미계를 받기 몇 달 전의 일입니다.

점심공양 후 법당을 청소하고 있었는데, 신도 한 분이 법당 안으로 들어서며 주위를 둘러보다 저를 보시고 말씀하셨습니다. 지금은 행자 복장이 모습은 승복이되 색깔은 밤색으로 구별되어 있으나, 그 당시에는 정식 스님들과 같은 회색이었습니다. 그러니 그 신도는 저를 절의 스님들 중 한 사람으로 생각한 것입니다.

"스님, 제사를 지내러 왔습니다."라는 신도의 말에 저는 "저는 아직 스님이 아닙니다. 제사와 같이 중요한 불공은 제사상도 차려야 하고 스님이 염불도 하고 축원도 해야 하는데요?"라고 답했습니다. 이에 그 신도는 "그건 걱정 안 하셔도 됩니다. 제가 간단하게 제물은 준비해 왔고, 실은 불공에 올릴 불전은 형편상 준비 못했습니다."라며 간곡히 부탁을 하는 것이었습니다.

왕초보 천수경박사 되다

저로서는 제사상 차림을 핑계로 어떻게든 난감한 상황을 모면해 보려 했는데, 이게 쉽지 않게 되어버린 것입니다. 더 최악의 상황은 불공을 올릴 만한 다른 스님들은 모두 출타 중이시라, 저로서는 식은땀이 날 수밖에 없었습니다.

할 수 없이 그 신도분과 타협을 하였습니다. 나는 축원은 해본 적이 없어 못하고 다행히 《천수경》과 《반야심경》은 할 줄 아니, 내가 부처님 전에 《천수경》을 읽으면 신도는 절을 하며 마음속으로 소원을 빌어 축원을 대신하고, 그다음 위패를 모셔 놓은 영단(靈壇)에는 《반야심경》을 할 테니 나머지는 신도가 알아서 하자고 말입니다.

또 경을 읽을 때 틀리면 안 되므로 나는 책을 펴 놓고 읽을 것이니, 다른 스님들처럼 경도 못 외운다고 실망하지 마시라는 말씀도 드렸습니다.

신도 분은 좋다고 하시며 그럼 시작하자고 하였습니다. 저는 단정히 앉아 바로 이 《천수경》을 한 장 한 장 넘기며 목청 높여 독경하였는데, 잔뜩 긴장하여 어깨에는 힘이 들어간 채 목탁은 깨질 정도로 두들기며 간신히 독경을 마칠 수 있었습니다.

제사상을 차려 놓은 영단에 《반야심경》 독경까지 마친 후 상을 정리하며 보니, 제사를 받는 영가의 사진이 아주 앳되고 예쁜 소녀였습니다. 제가 깜짝 놀라 "누구의 제사였습니까?"라고 물으니 "열여덟 살에 죽은 제 딸이에요." 하며 눈시울을 붉히는 것이었습니다. 그러면서 하는 말이 "스님, 염불 우렁차게 잘 하시는데요. 덕분에 어느 해보다 잘 지낸 것 같아 감사합니다."라며 공손히 합장하시는 것이었습니다.

그 이후 저는 이런 뜻 깊고 보람된 불공을 한 기억이 별로 없습니다.

《천수경》에서 말하는 중생들의 간절한 소원을 저는 이렇게 경험하였습니다. 여러분들도 《천수경》을 잘 수지(受持)하여 '소원종심실원만' 하시길 진심으로 바랍니다.

나무대비관세음 南無大悲觀世音

| 자비하신 관음보살님께 귀의하옵니다 |

이제부터 시작되는 '나무대비관세음 원아 …'는 관세음보살님께 바라는 10가지의 원을 말하는 것입니다. 여기서의 아(我)는 《천수경》을 독송하는 모든 사람이 주체입니다. 다른 말로 하면 《천수경》을 읽는 사람들은 모두 이런 원(願)을 세워야 한다는 뜻이기도 합니다.

왕초보 천수경박사 되다

원아속지일체법 願我速知一切法

| 바라오니 이 세상의 모든 법을 속히 알 수 있게 해주소서 |

관세음보살님께 바라는 첫 번째 원은, 모든 법을 빨리 익혀 배울 수 있도록 도와주길 바라는 원입니다.

일체법 一切法 —●

'법'이라는 한 단어의 말도 쓰임에 따라 개념이 많은데 일체법, 즉 모든 법이라 하니 그 범위를 한정짓기가 참 어렵습니다.

종교마다 진리인 법이 있고, 때론 그 법이 타종교와 배치되는 경우도 있습니다. 힌두교는 소를 신성시하는 법이 있고, 이슬람교는 돼지고기를 먹지 말라는 법이 있고, 불교는 아예 모든 육식을 금합니다〔부처님 당시에는 삼정육(三淨肉)이라 하여, 자기 눈으로 죽이는 것을 보지 못했고, 자기를 위해서 죽이지 않았고, 자기를 위해서 죽인 것이 아닌가 하는 의심이 가지 않는 고기는 수행자의 건강을 위해서는 먹어도 된다고 허락되었습니다〕. 즉 내 종교에서는 별 것 아닌 일이 타 종교인에게는 절대 지켜야 할 준엄한 법일 수 있는 것입니다.

히로사치야라는 필명을 쓰는 일본의 불교학자가 하루는 자기의 회교도 친구를 초대하여 저녁식사를 대접했습니다. 둘이 잘 먹고 난 후, 이분이 회교도 친구에게 물었습니다.

"어때 고기 맛 괜찮았나?"

친구가 대답했습니다.

"아, 그럼 오랜만에 맛있게 잘 먹었네."

히로사치야가 "실은 자네가 먹은 고기, 돼지고긴데…"라고 하자, 갑자기 그 회교도 친구는 화장실로 달려가 먹은 것을 모두 토해내고 화를 내더라는 것입니다.

그러자 히로사치야가 웃으며 말했습니다.

"농담이야. 자네가 먹은 고기는 분명 쇠고기 요리지. 그런데 자네는 돼지고기란 말을 듣고 율법을 어겼으니 무조건 토해내야 한다는 생각부터 들었나 보군. 내 어찌 상대의 신앙을 장난의 대상으로 삼겠나. 불교에서 말하는 일체가 마음에 달렸다는 말이 바로 이런 경우일세."

회교도 친구는 그제서야 안심하며 오히려 불교에 대한 관심과 이해를 더 갖게 되었다고 합니다.

이런 경우는 법의 개념 중 계율에 관한 부분에 속합니다. 법의 개념 중 율법이 아닌 진리에 관한 부분을 거론하자면 무척 어렵습니다.

왕초보 천수경박사 되다

불교(佛敎) 하면 신앙의 종교로서 부처님의 가르침이라 할 수 있지만, 불법(佛法)이라고 '법'이 붙게 되면 깨달음을 이루어 나도 부처가 되기 위한 수행 지침인 '법'을 말하는 것입니다. 법 앞에 일체가 붙은 일체법이란 중생들도 깨달음을 이룰 수 있도록 부처님이 설해 놓으신 모든 법과 진리라고 생각하시면 됩니다.

정상에 오르는 등산 코스가 여러 곳이 있듯이 일체법은 깨달음에 도달할 수 있는 코스도 아주 많다는 말이고, 깨달음을 향한 코스 모두가 《천수경》에서 말하는 일체법에 해당되는 것입니다.

나무대비관세음 南無大悲觀世音

| 자비하신 관음보살님께 귀의하옵니다 |

원아조득지혜안 願我早得智慧眼

| 바라오니 속히 부처님 같은 지혜의 눈을 얻게 해주소서 |

관세음보살님께 귀의하며 바라는 두 번째 원은, 세상을 지혜롭게 볼 수 있는 부처님 같은 안목을 지닌 눈을 갖기를

바라는 원입니다.

지혜안 智慧眼 — ●

지혜로써 세상을 보는 안목을 갖추는 것이 지혜안을 얻
는 것입니다.

인간이 보통의 눈으로 보는 것은 거의 욕망을 일으키는
대상으로, 인식하는 마음의 대상이 되는 경우가 대부분입
니다. 욕망의 대상은 아니더라도 그 관점을 다 다르게 보는
것이 중생의 눈을 통해 보여지는 세상인 것입니다.

빈센트 반 고흐(Vincent van Gogh : 1853~1890)는 습
작과 완성된 그림 약 2,000여 점을 남긴 다작(多作)의 네덜
란드 화가입니다. 그의 작품은 일반적인 기법을 사용해 채
색한 것도 있고, 초상화나 풍경화 중에는 그림의 분위기와
채색법이 상당히 다른 작품들이 있습니다. 직업이 의사인
어느 아마추어 명화 마니아가 이것에 대해 흥미로운 분석
을 했습니다.

"고흐의 작품 중 선이 짧고 굵게 연결되는 채색법의 그
림은 그가 심한 눈병을 앓고 있을 때의 그림일 것이다. 눈
병을 앓고 있는 그에게는 실제 세상의 풍경이 그때 그가 그
렸던 그림과 유사하게 보였을 가능성이 충분히 있다."

눈병 때문은 아니지만 실제로 고흐는 심한 우울증으로 자살하였습니다.

하지만 고흐는 참 복이 많은 사람입니다. 많은 명작으로 지금까지 우리의 감성을 정화시켜주기도 하며, 아주 감미로운 목소리로 그의 삶을 추모하는 노래를 부른 돈 맥클린(Don Mclean)이란 가수가 있기 때문입니다.

'Starry, starry night, Paint your palette blue and gray'로 시작되는 '빈센트'라는 노래인데, 가사가 관세음보살님이 중생을 지혜의 눈(智慧眼)으로 보듬어주듯 포근합니다.

별들이 반짝이는 밤

파란색과 회색으로 칠해 가며

내 마음 한켠에 어두운 그림자

어느 여름 더운 날, 그 날을 보네

언덕 위의 그림자, 나무와 수선화의 스케치

산들거리는 미풍, 뺨에 스치는 매서운 겨울바람,

솜이불 같은 눈 덮인 들판

이제는 알아요. 당신이 말하려고 했던 것을

얼마나 괴로웠던 나날이었는지

또 얼마나 자유롭고 싶었었는지

사람들이 듣고 싶지 않았기에 도무지 알 수 없었던 사연들

아마도 이제는 듣고 있겠지

별들이 반짝이는 밤

불꽃처럼 이글거리며 타오르는 꽃들,

보랏빛 아지랑이, 구름의 소용돌이

빈센트의 영롱한 초록 눈동자에 어리네

형형색색 가지가지 빛과 색깔들

누렇게 물든 아침 들판

고통으로 주름져 간 그의 얼굴

사랑스러운 그의 손길이 어루만지고

이제는 알아요. 당신이 말하려 했던 것을

얼마나 괴로웠던 나날이었는지

또 얼마나 자유롭고 싶었었는지

사람들이 듣고 싶지 않았기에 도무지 알 수 없었던 사연들

아마도 이제는 듣고 있겠지요

그 누가 당신을 사랑하지 않았어도

당신의 사랑은 진실했었죠

이제는 더 이상 희망이 없다고 생각되던 바로 그 날

사랑하는 사람들이 늘 그러듯

그렇게 당신은 스스로 목숨을 끊고 말았죠

하지만 빈센트, 당신같이 아름다운 사람에게는

이런 세상이 도무지 맞지 않았던 것을

....

노래는 3절까지 계속되는데 여기서 생략했습니다.

'하지만 빈센트, 당신같이 아름다운 사람에게는 이런 세상이 도무지 맞지 않았던 것을', 이 마지막 구절이 저의 머릿속에서 떠나질 않아 한동안 글 쓰는 대신 이 노래만 들었습니다.

나무대비관세음 南無大悲觀世音

| 자비하신 관음보살님께 귀의하옵니다 |

원아속도일체중 願我速度一切衆

| 바라오니 속히 모든 중생을 구제할 수 있게 해주소서 |

관세음보살님께 귀의하며 바라는 세 번째 원은, 내가 속히 모든 중생들을 구제할 수 있게 해 달라는 것입니다.

일체중 一切衆 — ●

일체중은 존재하는 모든 중생을 말합니다.

중생(衆生)이라는 말은 단연 불교에서 쓰는 용어 중 대표격에 해당됩니다. 앞에 설명한 바 있는 '보리살타'의 줄인 말이 '보살'인데, 여기서 산스끄리뜨어 '살타(sattva)'가 바로 중생의 개념을 지니고 있습니다. 한역으로는 유정(有情)이라 하여 감정[情]이 있는[有] 존재를 중생이라고 부르는 것입니다. 식물도 감정이 있다는 연구 결과가 많이 발표되었는데, 그렇다면 이론적으로는 식물들도 중생에 포함될 수 있습니다.

하지만 대개의 경우 중생하면 생물을 뜻하며, 더욱 범위를 좁혀 인간만을 지칭하는 경우가 더 많습니다. 불교의 학파(學派) 중 유력한 줄기인 유식파(唯識派)에서는 중생의 특징을 세 가지로 규정합니다. 유식파에서 분류한 중생의 세 가지 특징은 비록 제목은 어렵지만 내용은 중생의 속성에 대한 거의 모범 답안으로 그 뜻은 알아둘 만하니, 기억해 두시면 불교를 이해하는 데 큰 도움이 됩니다.

왕초보 천수경박사 되다

첫 번째, 변계소집성(遍計所執性)입니다.

중생은 한 번 착각이나 번뇌 망상을 일으키면, 계속하여 그것에 집착하여 헤어나지 못한다는 것입니다.

속담에 '솥뚜껑 보고 놀란 사람 자라 보고 놀란다'라는 말이 있는데, 바로 이 경우에 해당합니다. 저도 산 속에서 뱀을 하도 많이 봐서, 밤에 길을 다닐 때는 나뭇가지도 피해 다닌 적이 있습니다.

그리고 중생은 선입관과 욕망을 일으키면, 그것을 성취하려고 집착하여 판단력이 흐려진다는 뜻도 내포되어 있습니다. 저는 중학교 때 바둑을 처음 배우기 시작했는데, 그 어린 나이에도 잠자려고 누우면 천장이 바둑판으로 보인 경험이 있습니다. 이런 집착하는 마음(所執性)은 때로는 집념과 용기가 되어 일의 성취에 긍정적으로 작용하기도 하지만, 대개의 경우 현실적으로는 부정적인 결과를 야기하게 되는 것이 사실입니다.

이런 반사적 선입관과 자가당착의 번뇌에 대한 집착을, 불교에서는 중생의 가장 큰 특징으로 여기는 것입니다.

두 번째, 의타기성(依他起性)입니다.

중생은 본질적으로 다른 것에 의지하여 살아가려는 성

품이 있다는 것입니다.

어찌 보면 허물이 될 수 없는, 오히려 서로 의지해야 하는 것 아니냐 하는 생각이 들기도 합니다. 그러나 여기서 문제는, 내가 의지하는 모든 것과 나 사이에 서로 득이 되는 상생의 관계가 형성된다면 의지할수록 서로가 좋지만 실제로는 그렇지 않다는 것입니다. 무엇에 의지한다는 말은 결국 그것에 신세를 지는 것이 되기 때문입니다.

그리고 내가 의지하는 그것에 어떤 연유로 변화가 생긴다면, '나'라는 중생은 근본적인 존재 자체가 위협을 받을 수도 있다는 것입니다. 무슨 뜻이냐 하면 중생이 의지처로 삼는 그 대상이 사람만이 아니라 중생이 필요한 '모든 것'이란 말입니다. 실제로 우리에겐 공기, 물, 태양, 먹을 것 등등 생존을 위해 절대적으로 의지해야 할 아주 기본적인 것들이 너무나도 많습니다. 중생이라는 삶을 유지해 나가기 위해 의지해야 할 것들 중, 어느 하나라도 어긋나면 중생은 바로 난감해지는 것입니다.

이 난감함 때문에, 또 난감해지지 않으려고 서로 유기적인 관계에서 벗어나지 못한다는 것이 중생의 두 번째 특징인 '의타기성'입니다.

왕초보 천수경박사 되다

세 번째, 원성실성(圓成實性)입니다.

중생의 세 번째 성품인 '원성실성'이 있기에, 우리는 앞의 두 가지 유쾌하지 못한 조건에서 자유로울 수 있습니다. 그리고 불교가 추구하고 우리에게 증장시키려고 하는 확고한 명분은, 미혹하더라도 중생에게는 이 성품이 있기 때문입니다. 즉 앞의 두 가지 약점에도 불구하고 인간에게는 진리와 깨달음을 추구하려는 기특한 마음인 '원성실성'이 있다는 것입니다.

중생이 곧 부처다, 너의 마음이 곧 부처다, 번뇌가 곧 깨달음이다. 이런 선언이 성립되는 것은 중생은 겉으로는 비록 아직 미망(迷妄)에서 헤매지만, 그 마음의 진실된 성품〔實性〕은 부처의 성품〔佛性〕으로 깨달음을 이미 성취〔圓成〕하고 있다는 대전제가 불교가 다른 종교와 구별되는 핵심 사상입니다.

더 깊이 들어가면 《천수경》 해설서가 아니라 논문 수준이 되니 이쯤에서 멈추긴 하겠지만, 불교의 이 대전제는 기억해 두셔야 합니다. 《천수경》의 '원아속도일체중'은 관세음보살님께 귀의하여, 내가 직접 모든 중생을 구제할 수 있게 해달라는 가슴 저린 바람입니다.

나무대비관세음 南無大悲觀世音

| 자비하신 관음보살님께 귀의하옵니다 |

원아조득선방편 願我早得善方便

| 바라오니 속히 뛰어난 방편 얻게 해주소서 |

관세음보살님께 귀의하며 바라는 네 번째 원은, 중생을 구제할 수 있는 뛰어나고 좋은 방편을 빨리 얻게 해 달라는 것입니다.

선방편 善方便 ─ ●

선방편의 방편은 이미 충분히 설명했습니다. 그런데 이번에는 착할 '善'자가 앞에 붙었는데, 그 이유를 설명해 드리겠습니다.

방편은 선교방편(善巧方便)을 줄여 쓰는 말입니다. 목적을 이루는 방법도 동기가 순수하고 좋아야[善] 하며 그 방법 또한 절묘해야[巧] 한다는 것입니다. 어리석은 중생들을 깨달음에 이루도록 하기 위한 방편이 선량해야 제대로 된 방편이라는 것입니다.

왕초보 천수경박사 되다

앞서 언급한 바 있지만 절에서 신도들이 원한다고 부적이나 운명 감정 등을 하는 것은 결코 방편이 아닙니다. 이 부분은 스님들만 노력한다고 해결될 문제가 아닙니다.

제가 처음 포교에 나섰을 때 가장 난감했던 점이, 좋은 날짜를 택일해 달라는 것과 운이 좋은지 나쁜지 '봐' 달라는 것이었습니다. '나는 그런 것 모릅니다'라고 해도 신도들이 도무지 그 말을 믿어주지 않았습니다. 심지어는 스님이 자신을 무시하기 때문에 말을 안 해주거나, 너무 운이 나쁘니 아예 말을 피하는 것이라고 생각하는 신도들도 있었습니다. 저로서는 참 답답할 뿐이었습니다.

몇 년을 이 같은 문제에 봉착하다 보니 내 스스로 의문이 생겼습니다. 도대체 사람들은 왜 이런 데 집착할까, 정말 사람에게 정해진 운명이란 것이 있는가 하는 의문 말입니다. 그래서 아예 소위 점 보는 법을 혼자 배웠습니다. 사주팔자, 운명 등을 감정하는 전문서적을 쌓아 놓고 독파하기 시작했습니다. 한 3년 쯤 공부하니 '감'이 잡히더군요.

그 후 다시 20여 년을 몇몇 특이한 신도들을 대상으로 표본 조사를 해 보았습니다. 물론 해당 신도들은 전혀 눈치 채지 못하도록, 신도 축원문을 작성할 때 기재되어 있는 생년월일을 자료로 해서 말입니다. 그 결과는 반반이었습니다. 이 신도는 정말 운대로 가는구나 하는 경우와, 전혀 그렇지 않은 경우가 반반이라는 것입니다. 저의 역학(易學) 공부가 시원치 않아서 그런지는 몰라도, 50%라면 사실 별 의미가 없는 것 아닌가요?

그런데 이런 과정을 통해 저는 아주 흥미로운 사실을 발견했습니다. '아, 참 용하게 잘 맞춘다' 하는 점쟁이는 누구나 될 수 있다는 비법(?)인데, 내친 김에 밝혀 버리겠습니다. 상대가 운을 묻습니다. "아들이 원하는 대학에 합격할까요?" 오늘은 내가 기분이 나쁘니 묻는 모든 사람에 대해 대답은 '나쁘다'로 정해버렸습니다. 그렇다 하더라도 확률상 반은 맞출 수 있습니다. 그러면 상대는 다음번에 또 다른 운을 묻습니다. "남편이 진급 될까요?" 이번엔 기분이 좋으니 오는 사람 모두에게 '좋다'라고 답해버렸습니다. 역시 대충 반은 맞는 현상이 벌어지게 되어 있습니다.

이제 계산을 해보겠습니다. 처음 100명 중 '나쁘다'로 맞춘 사람 50명, 그 50명 중 다시 찾아와 물었는데 '좋다' 가 적중한 사람이 최소 25명은 됩니다. 도사(道士)가 만들어지는 것은 지금부터입니다. 걸려든 이 25명은 필경 다른 많은 사람을 몰고 오게 되어 있습니다.

솔직히 이 책을 보는 분들 중에 경험 있는 분들은, 점쟁이한테 친구나 이웃과 같이 가지 혼자 간 적은 거의 없지 않습니까? 그러니 오는 숫자가 늘어날수록, 한번 소문이 나면 나머지는 어리석은 중생들이 다 나를 용하다고 생각하게끔 수치적으로 이미 되어 있다는 말입니다. 게다가 인간의 심리는 자신에게 '적중된' 경우는 잘 잊어버리지 않고 합리화까지 시켜주는 성향까지 있으니, 이거야말로 말 그대로 땅 집고 헤엄치기인 셈입니다.

저의 이런 논리에 '그럼 나도 점쟁이 자격이 있는 걸까?' 하고 의문을 갖는 분이 있을 것입니다. 저의 답은 지금부터라도 용기를 내서 해 보시라는 것입니다. 실제로 해보면 분명히 여러분도 용한 점쟁이가 될 수 있습니다.

결정적인 노하우는, 틀렸다고 추궁당할 때 절대 인정하지 말고, 상대에게 '뭔가 나한테 속이는 게 있었지?'라든가, '분명히 태어난 시(時)가 잘못되어 제대로 운명을 감정할 수 없었다'라는 식으로 역으로 밀어붙이는 것입니다. 점쟁이들의 속성이 그렇다는 말이고, 불교를 믿으면 무속에 빠지지 말아야 한다고 강조하여 드린 말씀이지, 실제 이런 실험은 친구나 상대로 해볼 장난입니다.

스님 하면 으레 운명 감정의 전문가로 단정하고, 또 이 심리를 악용해 혹세무민하면서 이것을 방편이라 둘러대는 스님들이 있기에 해본 소리입니다.

《천수경》에서는 이런 중생의 마음을 알기에 관세음보살님이 베푸시는 구제의 방법은 이런 것들과는 차원이 다른 선방편(善方便)이라 한 것입니다.

나무대비관세음 南無大悲觀世音

| 자비하신 관음보살님께 귀의하옵니다 |

원아속승반야선 願我速乘般若船

| 바라오니 속히 지혜의 배에 오르게 해주소서 |

관세음보살님께 세우는 다섯 번째 원은, 내가 속히 깨달음의 세계에 도달할 수 있는 지혜의 배에 오를 수 있도록 원하는 것입니다.

반야 般若 ─ ●

《천수경》은 한국의 절에서 불공, 예불 등 거의 모든 의식을 봉행할 때 빠지지 않고 독송되는 경전입니다. 그래서 불교의 초보자들이라도 《천수경》은 《반야심경》과 함께 스

왕초보 천수경박사 되다

님들의 독경을 따라하다 보면 저절로 외우게 되는 경전입니다. 그런데 그 내용과 의미를 정확히 알고 독송하는 신도들은 생각보다 많지 않습니다. 게다가 《천수경》 하면 '초보자 경'이라는 이미지가 있어, 《금강경》 《법화경》 《화엄경》 같은 대승경전에 비해 그 가치를 얕잡아 보는 경향도 있습니다.

그러나 결코 그렇지 않습니다. 《천수경》은 초기불교의 사상에서 대승불교와 밀교까지 혼합된, 말 그대로 통불교(通佛敎)의 전형을 보여주는 경입니다. 따라서 《천수경》을 제대로 이해하려면 불교의 핵심 사상을 잘 알고 있어야만 합니다.

이 대목의 '반야'라는 용어야말로 《천수경》의 깊이를 확인시켜주는 말입니다. '반야심경', '금강반야바라밀경' 같이 경의 제목에 들어가 있거나 한 권의 경전의 주제가 될 정도로 무게와 깊이가 있는 '반야'의 의미를 제 공부 수준으로 어찌 설명드릴 수 있겠습니까. 최소한 이 두 경전의 해설서를 쓸 수준이 되어야, 그나마 반야에 대한 변죽이라도 울려 볼 수 있을 것입니다.

다행히 저는 《반야심경》 해설서는 출간하였고, 《금강경》도 풀이해 책으로 내려고 계획 중이니, 반야에 대해 언급할 자격이 조금은 있다고 여기며 설명하겠습니다.

　반야(般若)란 말도 보살 등과 마찬가지로 산스끄리뜨어 쁘라지냐(prajñā) 혹은 빤냐(paññā)를 원음에 가깝게 발음되는 한자로 취한 것인데, 이런 표기법을 '음사(音寫)'라고 합니다. 중국인들이 코카콜라를 '可口可樂'으로 표기하는 식이 음사입니다. 산스끄리뜨어의 뜻을 바탕으로 반야를 해석하면, 보살의 단계에서 얻어지는 참지혜를 반야라 할 수 있습니다.

　《화엄경》에서는 보살 수행의 단계를 초지에서 십지까지 열 단계로 설명하고 있습니다. 그 중에서 반야는 최종적으로 십지보살, 즉 거의 부처의 경지에 이른 보살이 증득하게 되는 지혜를 말합니다. 흔히 《금강경》과 《반야심경》은 불교의 공(空)에 대해 설명한 경전이라고 알려져 있습니다. 틀리지는 않습니다만, 그것만으로 두 경전의 성격을 단정 짓기에는 너무 미흡합니다.

　《반야심경》은 '공'이란 말로 가득 차 있지만, 금강경에는 '공'이라는 말이 한 번도 언급되지 않고 있습니다. 이 부분 역시 많은 설명이 필요하지만, 지금은 반야에 해당되는 말씀만 드리겠습니다.

　　　　　　　　　　　　　왕초보 천수경박사 되다

《금강경》이나《반야심경》모두 핵심은 반야를 얻기 위한 방법을 설하고 있는 경입니다. 반야를 얻기 위한 공통분모가 바로 '공'의 체득(體得)입니다. 뒤집어 말하면 공(空)의 도리를 체득하는 것이 곧 반야라는 말이 성립되는 것입니다. 그러니 반야를 얻는다는 일이 얼마나 어려운 경지이겠습니까?

《천수경》은 절묘하게도 평범한 중생도 이 어려운 반야에 이를 수 있는 가능성을 보여줍니다. 《천수경》에서는 '원아속승반야선(願我速乘般若船)'이라고 반야의 배에 오르게 해 달라고, 관세음보살님께 기원하는 방법을 제시해주고 있지 않습니까? 즉 '나는 반야에 도달하기 거의 불가능하다. 하지만 관세음보살은 반야행 함선을 운영하고 계신데, 그 배에 타면 나도 반야를 증득할 수 있다'라고 하니 얼마나 희망을 주는 말씀입니까. 더욱이 다음에 바로 나오듯 중생들의 고통의 세계를 고해(苦海)라고 바다에 비유해 놓았으니, 관세음보살이 중생 구제의 방편으로 대형 함선을 운영하는 것은 너무나도 현명한 일인 것입니다.

고해에 대해 바로 설명하겠습니다.

나무대비관세음 南無大悲觀世音

| 자비하신 관음보살님께 귀의하옵니다 |

원아조득월고해 願我早得越苦海

| 바라오니 속히 고통의 바다에서 벗어나게 해주소서 |

관세음보살님께 귀의하며 바라는 여섯 번째 원은, 흔히 고통의 바다라고 비유되는 현재의 세상에서 내가 겪고 있는 모든 고통과 괴로움에서 벗어나게 해달라는 원입니다.

고해 苦海 ─ ●

고해의 바다에서 벗어나는 길은 '반야선'에 오르면 된다는 결론은 내려졌으니, 불교에서 중생들이 사는 사바세계를 고통의 바다라고 하는 연유를 말씀드리겠습니다.

'전쟁에 싸우러 갈 때는 한 번 기도하라. 배 타고 바다로 갈 때는 두 번 기도하라. 결혼 하러 식장에 갈 때는 세 번 기도하라'는 서양 속담이 있습니다. 대단히 다행스럽게도 저는 세 번째는 해당되지 않습니다만, 두 번째인 배 타고 수평선만 보이는 바다 한복판에 가보는 것은 거의 소원에

왕초보 천수경박사 되다

가깝습니다. 바닷가에 위치한 절들도 있지만 그것만 가지고는 갈증이 나서, 망망대해 한복판에 있어 보는 것이 꿈입니다. 아마 평생을 산 속에만 있어 바다가 그리운 것인지도 모르겠습니다.

낭만적인 제 생각과는 달리 예나 지금이나 바다로 항해하는 일은 큰 모험인 듯합니다. 작은 섬 크기 정도의 큰 함선들도 태풍이 몰아치면 가까운 항구로 피항하는 것이 원칙인 것을 보면 말입니다. 바다는 변화무쌍하여 그 위험을 예측하기가 어렵고, 더욱이 사고를 당하게 되면 생사와 연결되는 문제에 직면하게 됩니다. 그리고 바다 속 곳곳에 암초가 있어 아무리 조심해도 위험하고, 심지어는 그 넓은 바다에서 배끼리 충돌사고도 일어납니다. 게다가 망망대해를 몇 달씩 항해하는 일은 외롭기 짝이 없는 일이라, 자신과의 싸움에서 이겨야 합니다.

불교에서는 우리가 사는 곳을 사바세계(娑婆世界)라고 하는데, 이 사바세계란 곳이 마치 험하기가 바다와 같다고 비유하는 것입니다. 참으로 적절한 비유라고 생각됩니다.

나와 모든 중생들이 이 거칠고 험한 세상인 고해의 바다에서 속히 벗어나고자 원하는 것이 《천수경》의 '원아조득월고해'의 뜻입니다. 그리고 아무리 많은 중생이라도 고해의 바다에서 피안(彼岸)의 언덕으로 갈 수 있도록 인도하는 크기가 한량없는 배가 있으니, 그 배 이름이 《천수경》의 '반야선'인 것입니다.

나무대비관세음 南無大悲觀世音

| 자비하신 관음보살님께 귀의하옵니다 |

원아속득계정도 願我速得戒定道

| 바라오니 계를 지키고 선정이 속히 얻어지게 해주소서 |

관세음보살님께 귀의하며 바라는 일곱 번째 원은, 내가 계를 어기지 않고 잘 지키고, 마음이 산란함에서 벗어나 세상의 인연에 얽힌 온갖 험한 일을 당해도 흔들리지 않고 평온한 마음을 잃지 않게 되길 바라는 원입니다.

혹 이 부분에서 계정도(戒定道)를 계족도(戒足道)로 표기한 경우가 있는데, '계정도'가 맞습니다.

계 戒 — ●

계(戒)는 수행을 위해 개인이 지켜야 할 덕목을 말합니

왕초보 천수경박사 되다

다. 계는 출가자와 재가신도가 지켜야 할 계로 구별되어 있습니다. 그리고 계의 구별도 출가자의 경우 사미계 · 비구계 · 보살계 등이 있고, 재가신도에게 해당되는 삼귀의계 · 십계 · 보살계 등이 있습니다.

이 중 출가자가 지켜야 할 계는 그 가짓수만 비구는 250계, 비구니는 348계나 됩니다. 그런데 출가 스님들이 지켜야 할 비구 · 비구니계라는 것이 거의 2,500여 년 전에 만들어진 것이라 지금에 와서는 도저히 지킬 수 없는 계들이 상당히 많습니다. 명확히 표현하자면 제정되어 있는 계를 모두 지키려면 현실적으로 살아 갈 수 없습니다. 그리고 모든 스님은 지금 파계를 하고 있는 것입니다.

예를 들면, 여 신도와 단 둘이 마주 앉아 있어도 계를 어기는 것이고, 스님의 거처가 2~3평 이상이 되어도 계를 어기는 것입니다. 절에 소금을 보관해도 계를 어기는 것이고, 보시 받은 것은 물건이건 돈이건 혼자 독차지해서 써도 계를 어기는 것입니다. 승복도 철 따라 여러 벌 갖고 있는 것도 계를 어기는 것이고, 공양도 태국이나 미얀마 스님들같이 탁발하여 먹어야 합니다.

비구니 스님들에게는 더욱 불합리한 계들이 많습니다. 예를 들면, '비구니계를 받지 아니한 여인과 경법을 같이 읽지 말라'는 계는, 여자 신도와 경을 읽으면 계를 어긴 것이 됩니다. 더욱이 '환자와 특별한 때를 제외하고 15일이 안 되어서는 목욕하지 말라'는 계나 '아무리 출가한 지 오래된 비구니라도 갓 출가한 비구를 보면 절을 해야 한다'라는 등의 계는 아무리 생각해도 그대로 시행하는 것은 불가능해 보입니다.

그래서 현실에 맞지 않아 도저히 스님들이 지킬 수 없는 계는 현실화 시키자는 의견이 제기되기도 하지만 아직 진지한 논의는 못하고 있는 실정입니다.

신도들이 지켜야 할 계도 정도는 다르지만 마찬가지입니다. 여러분이 궁금해하는 고기 먹지 말라는 계의 유무에 대해서는, 앞서 삼정육(三淨肉)은 먹어도 된다고 부처님이 허용하셨다고 말씀드렸습니다. 게다가 부처님이 마지막으로 받으신 공양인 춘다가 올린 음식이 마른 돼지고기 요리(혹은 버섯의 일종이라는 설도 있음)였다고 기록되어 있습니다. 그런데 불멸(佛滅) 후 약 천백여 년이나 지난, 기원 후 500년대 중국의 《범망경(梵網經)》에서는 스님과 신도 모두에게 해당되는 '보살48경계'를 제정해 육식을 금한다고 되어 있습니다. 다만, 몸이 허약해 약으로 취해야 할 경우는 제외하였습니다.

사실 남방불교권인 태국, 미얀마 등의 스님들은 육식을 금하지 않고, 더욱이 불교를 소승과 대승으로 구별하는 개념 자체가 없습니다.

또 일반인들도 아주 궁금해 하는 문제가 있는데, 절에서 왜 개고기를 그토록 금기시하여 먹지 말라고 강조하는가입니다. 개고기가 한민족의 풍속에 속하는 먹거리였다는 사실을 상기하면 더욱 궁금합니다. 이에 대해 여러 가지로 해석하는 것을 들었습니다만, 다음에 소개해 드리는 이유가 가장 타당성 있어 보입니다.

과거 절은 대부분 깊은 산 속에 있었습니다. 지금은 빌딩 숲 한복판에 있는 강남의 봉은사도 실은 깊은 골짝에 해당되던 곳입니다. 그러니 다른 절들은 말할 것도 없습니다. 그런데 호랑이가 가장 좋아하는 고기가 바로 개고기라는 것입니다. 그런 개고기를 먹은 후 깊은 산 속에 있는 절을 오르다 보면, 숲속의 호랑이들이 개고기 냄새를 맡고 결국 사람을 해친다는 것입니다. 사람이 다치거나 잡아먹히게 되니, 절에 올 때는 절대 개고기를 먹지 말라고 강력하게 경고하지 않을 수 없었다는 것이, 불교의 개고기 절대 불가론의 시작이라는 셈입니다.

계에 대한 저의 마무리 말씀은 경에 정한 계율을 모두 지키는 일은 현실적으로 불가능하니, '마음에 조금이라도 거리끼는 일은 계에 어긋난다고 스스로 원칙을 세워 행하지 말자'입니다.

정 定 ─ ●

정(定)은 설명과 이해 모두 어려운 말입니다.

계(戒)·정(定)·혜(慧)를 불교공부와 수행의 가장 중요한 덕목이라는 의미에서 삼학(三學)이라고 합니다. 아마 《천수경》의 '계정도'도 이면에는 필시 계·정·혜를 지칭하는 삼학을 염두에 둔 것인데, 음율을 맞추느라 '혜'를 생략한 것이라 생각됩니다.

앞서 삼매를 설명하며 정(定)에 대해 간략히 언급한 바와 같이, 정(定)은 마음이 흔들리지 않는 고요함에 드는 것을 말합니다. 선(禪)은 정(定)에 이르는 가장 수승한 방법으로 부처님 당시에도 행해졌던 수행을 지칭하는 것입니다. 후에 중국에서 묵조선, 간화선 등으로 정(定)에 드는 방법이 달라졌을 뿐입니다.

그렇기에 '선' 혹은 '선정'하면 무조건 화두를 타파하여 정(定)에 드는 간화선(看話禪)만 염두에 둔다면 옳은 생각이 아닙니다. 간화선은 10세기 초(불교 발생 후 약 1,500

왕초보 천수경박사 되다

년 후) 중국의 대혜 종고스님 때 시작된 수행법으로 거의 1,000년의 역사가 있지만, 이 수행법 역시 미래에도 계속된다는 보장은 없습니다. 모든 정(定)에 드는 수행이 그렇긴 하지만 화두를 타파하는 간화선은 어찌 보면 마음의 흐름에 아주 민감하기 때문에, 출중한 경험을 쌓은 선지식(善知識 : 뛰어난 스승)의 점검과 지도가 필수적입니다. 간화선이 현재로서는 가장 수승한 수행법이라 하더라도, 큰 스승들이 없으면 부작용도 만만치 않은 방법인 것입니다.

정(定)에 도달한 상태가 되면 일체의 번뇌가 다스려져서 마음에 흔들림이 없고, 그윽하고 넉넉한 마음의 경지를 얻어 무한한 평온과 자비심에 이르게 됩니다. 흔히 대자유인이란 말은 이런 경지에서 가능한 것입니다. 그리고 중요한 것은 정(定)에 이르렀다 해도 수행의 완성은 결코 아닙니다. 정(定)에서 한 걸음 더 나아가 혜(慧)를 증득해야 하는 것입니다.

이것이 얼마나 중요한 문제인가 하면, 혜(慧)를 증득해야 그 경계에서 진정한 자비와 방편이 나오기 때문에, 정(定) 자체로는 증득한 한 사람에게만 의미가 있게 되는 것입니다. 반드시 혜(慧)의 경지에 도달해야 자리이타(自利利他)의 보살정신에 부합되는 것입니다.

생각해 보십시오. 어느 수행자가 정(定)에 도달했고 홀로 수행을 하다 열반에 들었는데 주변의 누구도 그 사실을 모른다고 가정해 보면, 이것은 대승불교에서 소승이라고 폄하하는 독각(獨覺)에 불과한 결과가 되는 것입니다. 독각의 수행과 정(定)에 이르는 수행은 그 경지가 다르다고 반대 의견을 내는 분이 있을 수도 있지만, 자리이타(自利利他)의 보살행으로 회향되지 않는 한, 결코 두 경우의 깨달음의 가치가 다를 수 없습니다.

이런 관점의 연장선에서 한국불교가 앞으로는 《천수경》에 숨겨진 '계정도' 속의 혜(慧)에도 주목하길 기대해 봅니다.

나무대비관세음 南無大悲觀世音

| 자비하신 관음보살님께 귀의하옵니다 |

원아조등원적산 願我早登圓寂山

| 바라오니 속히 적멸의 산에 오를 수 있게 해주소서 |

관세음보살님께 귀의하며 바라는 여덟 번째 원은, 내가

속히 수행이 완성되어 원적(圓寂)이라 이름하는 깨달은 사람만이 오를 수 있는 산에 오르게 해달라는 것입니다. 즉 빨리 깨달음을 이루게 해달라는 말입니다.

원적 圓寂 — ●

원적은 적멸(寂滅), 열반(涅槃)과 같은 말입니다.

둥글 '圓'자가 들어가는 단어 치고 나쁜 뜻으로 쓰이는 말은 거의 없습니다.

《천수경》의 본래 경명은 '천수천안 관자재보살 광대원만 무애대비심 대다라니경'인데, 여기에도 원만(圓滿)이 들어가 있습니다. 초반에 설명드린 대로 '원만' 역시 매우 긍정적이고 깊은 뜻이 있습니다.

원적(圓寂)은 스님들이 돌아가셨을 때 원적에 드셨다고 표현하기도 합니다. 죽음을 원적이라고 표현하니, 원적은 허무를 내포하고 있는 말이 아닌가 하는 의문이 드실 수도 있겠지만 그렇지는 않습니다. 불교에서의 죽음은 그냥 다른 몸을 받는 정도로 인식합니다. 물론 깨달음을 성취한 스님이 죽음을 맞으면 윤회에서 벗어나니, 당연히 다시 받을 몸 자체도 없게 되는 것이긴 합니다. 이같이 윤회에서 벗어나는 경우의 원적을 일컬어 열반과 같은 사실상 깨달음의 궁극의 경지라고 풀이하는 것이 본래의 뜻입니다. 그런데 일상적으로 꼭 스님이 아니더라도 사람이 죽으면 예(禮)의 차원에서 높여주는 것이 관례이니, 불교 집안에서 스님의 죽음을 깨달음의 경지를 이룬 '원적'에 드셨다 해도 무방하다고 생각합니다.

이 죽음에 대한 시각에 있어서, 티베트불교는 현세를 사후를 위해 준비하는 단순한 예비적 삶이라는 관념이 강합니다. 따라서 인생의 모든 문제를 부차적으로 여기며, 성지인 포탈라 궁으로 자벌레가 가듯이 일배 일보 하는 순례의 모습은, 그 마음의 근원이 우리의 삼보 일배와는 확실히 달라 보여 많은 것을 생각하게 합니다.

우리와 같은 불교인인데 무엇이 그들을 그렇게 하게끔 우리의 불교적 삶과 차별화 시키는 것일까? 과연 그것이 수행의 최고의 방법인가? 현세의 삶이 내세를 위한 준비 과정이라는 그들의 불교관은 바른 것인가? 이런 문제들이 연쇄적으로 머리를 스쳐 갑니다.

달라이 라마라는 특별한 인물 때문에 밀교가 주류인 티베트불교가 우리에게 조금은 과장되어 알려지거나, 그들의 불교가 때론 우리의 그것보다 더 거룩하다는 착시현상을 일으킨다는 생각도 듭니다.

왕초보 천수경박사 되다

나무대비관세음 南無大悲觀世音

| 자비하신 관음보살님께 귀의하옵니다 |

원아속회무위사 願我速會無爲舍

| 바라오니 속히 무위의 집을 얻게 해주소서 |

관세음보살님께 귀의하며 바라는 아홉 번째 원은, 내 마음이 가식 없고 작위적이지 않은 경지에 도달하게 해 달라는 것입니다.

무위 無爲 ─ ●

'원아속회무위사'는 속히 무위의 집〔無爲舍〕을 얻기를, 만나기를〔會〕 관세음보살님께 귀의하며 세운 원(願) 중 하나로 《천수경》에 묘사되어 있습니다. 여기서 '무위사'는 무위법(無爲法)과 같은 개념으로, 무위법을 깨닫는 것을 무위의 집〔舍〕에 들어가는 것으로 비유한 것입니다.

불교가 어렵다는 데는 저도 동의합니다. 여러분들이 생각하는 것보다 오히려 스님들이 어렵게 느끼는 체감 정도가 더 심할지도 모릅니다. 하지만 불교를 조금 안다 하는 사람들이 말하는 불교가 종교보다 철학에 가깝다는 주장은, 귀가 먹은 베토벤이 교향곡 중 최고인 대합창이 들어간 9번을 작곡한 사실이 불가능한 거짓이라고 우기는 것보다 더 억지스런 주장입니다. 그런 분들은 베토벤을 주제로 한 영화 〈불멸의 여인〉이나 〈카핑 베토벤〉을 보시면 당장이라도 옳고 그름을 판단할 수 있습니다.

그러나 종교나 사상은 한 번 잘못 각인되면, 정작 정답은 눈에 들어오지 않는 경우가 허다합니다. 이 점을 여러분도 유의하시며 제 설명을 이해하려고 해야 합니다.

유위법(有爲法)과 무위법(無爲法)의 구별은 논리적으로 참으로 어렵습니다. 《구사론(俱舍論)》과 같은 부파불교적 논서에서부터 《금강경》 등 대승경전의 논서에 이르기까지 폭넓게 나오는 말이 유위, 무위입니다. 흔히 생 · 주 · 이 · 멸(生住異滅 : 생겨서 변하고 소멸됨)에 해당되면 유위법이고, 해당되지 않으면 무위법이라고 사전식으로 말하고 있습니다. 다시 말해 진리가 시대와 상황에 따라 변하게 되는 내용이면 그것은 유위(有爲)의 진리, 시대와 상황에 상관없이 말 그대로 만고불변의 진리라면 무위(無爲)의 진리라 한다는 것입니다.

'무애'를 설명할 때 잠깐 언급했듯이, 불교의 무위는 도가(道家)의 무위와는 그 속뜻이 전혀 다름을 상기하셔야 합니다.

잘 아시는 예를 들어 설명 드리겠습니다.

니콜라스 코페르니쿠스(Nicolaus Copernicus : 1473~1543)는 〈천구의 회전에 관하여〉라는 연구서를 통해 태양이 우주의 중심이고, 지구는 태양 주위를 돌고 있다는 지동설을 주장했고, 우리는 이 사실을 과학적 진리로 인정하고 있습니다.

그러나 교회를 중심으로 한 천동설 추종자들은 이런 반론을 폈습니다. '만일 지구가 움직이고 있다면 지상에 떠 있는 공기는 멈추어 있기 때문에 지상에는 언제나 강한 바람이 불 것이다. 따라서 공을 위로 던지면 공이 공중에 있는 동안에도 지구는 움직이기 때문에, 공은 결코 제자리로 돌아오지 않을 것이다.'라며 천동설이 진리라고 목청을 높였습니다.

그들에게는 하느님이 창조한 유일한 지성적 생명체인 인간이 살고 있는 지구가 우주의 중심이 되어야만 했고, 코페르니쿠스의 지동설은 교회를 모독하는 '도전'으로 인식했던 것입니다.

그로부터 100년이나 지난 후에 갈릴레오 갈릴레이

(Galileo Galilei : 1564~1642)가 주장한 지동설 역시 세상에는 받아들여지지 않았습니다. 이유는 간단합니다. 가톨릭의 종교적 편견이 과학적 사실을 받아들이지 못했기 때문입니다. 그 종교적 편견이란 성서의 기록이 모든 과학적 진실에 우선한다는 '믿음'을 말합니다.

그 경위야 어찌되었건 인류가 태양을 중심으로 지구가 돈다는 진리를 알게 된 것은 불과 500년 전입니다. 그나마 바로 전 교황이었던 요한 바오로 2세가 공식적으로 그때의 교회 잘못을 인정했습니다만, 지금의 교황인 베네딕토 16세는 갈릴레오에 대한 그 당시의 교회 재판은 '아주 이성적'이었다고 말하였습니다.

무위, 유위를 설명하며 난데없이 왜 종교적 진리를 과학적 잣대로 재려 하느냐고 심기가 불편한 분도 있겠지만 제 생각은 다릅니다. 미래의 종교는 과학과 동행하지 않으면 점점 그 설 자리가 좁아질 것입니다. 그런 의미에서 과학의 이해가 종교의 이해에 필수적인 시대가 도래할 가능성이 충분합니다. 과학은 일체 존재의 실상을 객관화 하고, 물질세계의 질서와 그 법칙을 탐구해 내는 것을 목적으로 합니다. 적어도 불교의 견지에서는 실상(實相)의 묘(妙)를 그대로〔如如〕 관찰〔照見〕하여, 반야(般若)의 지혜를 증득하는 것이 곧 무위법에 드는 것입니다.

그런 까닭에 불교는 과학과 궁합이 아주 잘 맞습니다. 불교에서 말하는 무위법은 언제 어느 시대 누구에게나 적용이 되는 진리인데, 이것은 과학의 지향점과 다른 점이 없습니다.

'그렇다면 기독교는 무위법에 속하지 않고 유위법에 속하는가?'라고 물으신다면, 제 대답은 '그렇다'입니다. 창조론의 문제 말고 결정적으로 기독교가 무위법에 속하려면 '인간은 하느님이 창조한 유일한 생명체'라는 진리의 말씀이 영원히 도전 받지 말아야 합니다(창조론이 진화론에 밀리니 '지적 설계론'으로 말만 바꾸는 궁색함까지 보입니다).

그러나 지금의 우주 과학의 발전 속도라면 늦어도 100년 안에는 이미 물의 흔적이 발견된 화성이나 토성의 위성에서 과거의 생명체의 흔적을 발견할 가능성이 커 보입니다. 생명체로서는 아주 조잡한 류인 박테리아의 흔적만 발견해도 기독교는 중대한 문제에 직면하게 됩니다.

이쯤 해서 제가 기독교에 대한 오만한 선입관이 있다는 오해를 풀기 위해 정리를 하겠습니다.

저는 불교가 무위법을 추구하는 데 비해 기독교는 그렇

지 않은 것 같다는 식으로 불교 우위론적 결론을 유도하였지만 내면적으로는 그렇지도 않습니다. 불교의 역사상 실제로 무위법의 경지에 이른 수행자가 몇이나 되겠습니까. 더욱 중요한 것은 지금 불교가 입으로는 무위법을 말하지만, 종교성의 실천에 있어서는 기독교에 훨씬 못 미치고 있는 것이 엄연한 사실입니다.

기독교인의 사회봉사 같은 자기희생의 이타행(利他行)의 신행은 불자들이 본받아야 합니다. 일요일이면 성경을 옆에 끼고 교회로 향하는 교인들을 불자들은 본받아야 합니다. 불교 출판물은 기독교의 1/10 정도 수준에 불과합니다. 책을 잘 안 보고, 사회에 기부 잘 안 하는 것도 불자들이 반성해야 할 부분입니다.

부처님의 가르침이 《천수경》에서 말하듯, 시공(時空)을 초월하는 절대 진리인 '무위법'을 추구하는 것은 사실이지만, 지금 한국불교의 실정은 부자 아버지가 남긴 유산 자랑만 하고, 그 유산을 세상을 위해 제대로 쓰는 실천은 제대로 못하고 있으니, 여기서 무위법 유위법의 종교적 차이가 무슨 의미가 있겠습니까.

왕초보 천수경박사 되다

나무대비관세음 南無大悲觀世音

| 자비하신 관음보살님께 귀의하옵니다 |

원아조동법성신 願我早同法性身

| 바라오니 속히 내 몸이 법과 같게 해주소서 |

관세음보살님께 귀의하며 바라는 마지막 열 번째 원은, 내 몸 자체가 곧 부처님의 법과 같게 해달라는 것입니다. 이 원은 마지막 원답게 나도 부처님의 경지에 도달하게 해달라는 것입니다. 이것으로 관세음보살님께 발원하는 열 가지 원은 마치게 됩니다.

법성신 法性身 ─ ●

'내 몸 자체가 법의 성품을 완성하는 것'이 법성신의 의미인데, 이 말은 내 몸 그대로 부처를 이루겠다는 뜻과 같습니다. 실로 엄청난 선언을 하는 셈입니다.

'내 마음이 부처다'라는 말은 불교에서 입이 닳도록 하는 말입니다만, '내 몸 자체로 부처를 이루자'는 원(願)을 일으키는 것 자체가 범상한 일이 아닙니다.

이 사상은 앞서 언급한 바 있는 밀교(密敎) 수행의 최종 목표입니다. 즉심성불(卽心成佛 : 마음이 곧 부처)이 아닌 즉신성불(卽身成佛:몸이 곧 부처)이라는 발상은, 대승불교 말기인 7세기 후반에 형성되기 시작한 불교인 밀교의 핵심 사상입니다.

《천수경》에 진언과 다라니는 물론 '법성신'이 등장하는 것은, 말할 것도 없이 《천수경》이 밀교의 영향을 절대적으로 받은 경이라는 증거입니다. 대승불교 후의 밀교와 대승불교의 불법에 대한 해석의 차이와, 밀교와 대승불교가 혼합된 《천수경》이 만들어진 배경과 그 의도에 의문이 생깁니다. 다른 어떤 경전도 이렇게 다양한 시각으로 구성된 경은 없기 때문에, 어찌 보면 중심을 잡기에 당혹스러운 경이 《천수경》이기도 합니다.

'밀교가 아닌 현교(顯敎) 불교에서는 《금강경》 등을 통해 형상에 집착하지 말라고 하는데, 어떻게 현재의 몸으로 부처를 이루는 것을 정당화 할 수 있을까?', '밀교에서 주장하듯 부처를 이룰 수 있다 하더라도, 그것을 가능하게 하는 법의 성품인 법성(法性)이라는 것은 도대체 무엇인가?' 등의 과제들을 해결해야 하는데, 이게 간단한 문제가 아닙니다.

이쯤 되면 솔직히 말씀드려 답답한 쪽은 여러분이 아니

왕초보 천수경박사 되다

라 저입니다. 그냥 넘어가도 되는 부분을(이 법성신을 밀교적 접근으로 해설한 《천수경》 해설서를 아직 못 찾아서 한번 시도해 봅니다) 오히려 나서서 문제 제기를 해놓고 발을 빼면 도리가 아니고, 그렇다고 거론을 안 하자니 저 자신을 속이는 기분이 들어 답답하고 난감하다는 말씀입니다.

우선 몸 자체의 성불(成佛)에 대한 문제입니다.

밀교의 즉신성불(卽身成佛) 사상과 달리 부처님 당시나 부처님이 입멸(入滅)하신 후, 한동안 이 부분에 대해 혼란스럽게 여기던 때가 있었습니다.

아시다시피 석가모니 부처님은 거의 2,500년 전의 실존 인물입니다. 태어난 시기에 대한 논란은 많지만, 80세에 입멸하신 것에 대한 이론(異論)은 없습니다.

입멸 전 석가모니는 "나는 몸이 몹시 피곤하다. 눕고 싶구나!"라고 말씀하신 것으로 경전은 전하고 있습니다. 부처님의 이 인간적 '호소'를 두고 후세의 논사(論師)들은 '깨달음을 완성한 정도가 아니라, 몸 자체가 부처님인 당사자가 피곤함을 느끼고 눕고 싶다 했으니 그것도 번뇌는 번뇌 아니냐? 그러니 몸이 존재하는 한 완전한 열반은 없는 것이 아니냐?'라는 의문들을 갖게 되었습니다.

그래서 생각해낸 것이 육신을 버리기 전의 깨달음, 곧 몸을 여의기 전의 석가모니가 얻은 열반을 유여열반(有餘 涅槃)이라 하고, 육신까지 떠날 때(돌아가셨을 때) 비로소 본능적 생리작용의 번뇌도 사라지니 이를 무여열반(無餘涅 槃)이라고 차별화해서 불렀습니다.

유여열반은 단어 그대로 뭔가 좀 남아 있는[有餘] 열반 이고, 무여열반이야말로 아무것도 남은 것이 없는[無餘] 열반이라는 말입니다. 따라서 초기불교에서는 몸이 곧 법 이라는 개념에서의, 법신(法身)의 실체는 인정하지 않았던 것이 분명합니다.

그런데 《법화경》(기원전 100년~기원후 200년에 걸쳐 완성 된 대승불교를 대표하는 방대한 경전)의 제12장 〈제바달다품〉 에서는 여자의 몸으로 성불하는 모습을 보여줍니다. 이것 이 왜 중요하냐 하면 그전까지는 어느 경에서든 '여자의 몸 으로는 성불할 수 없다'고 못을 박아 놓았기 때문입니다.

《법화경》의 이 대목을 살펴보겠습니다.

그때, 용녀(龍女)에게 한 보배 구슬이 있으니, 값이 3천 대천 세계에 상당하였다. 그것을 부처님께 바치니, 부처님이 곧 받 으셨다. 용녀가 지적보살과 사리불에게 말하였다.

왕초보 천수경박사 되다

"내가 보배 구슬 바치는 것을 세존께서 받으시니, 그 일이 빠르옵니까, 빠르지 않습니까?"

대답하기를 "매우 빠르니라"라고 하였다.

용녀가 말하였다.

"당신들의 신통한 힘으로 나의 성불하는 것을 보십시오. 그보다도 더 빠를 것입니다."

그때 여러 모인 이들이 보니, 용녀가 잠깐 동안에 남자로 변하여서 보살의 행을 갖추고, 곧 남방의 무구(無垢)세계에 가서 보배로운 연꽃에 앉아 등정각을 이루고, 32 훌륭한 몸매와 80가지 원만한 모양을 갖추고, 시방의 모든 중생을 위하여 미묘한 법을 연설하였다.

정리하자면, 부처님 당시에는 몸 그대로 부처가 되는 성불(成佛)을 인정하지 않았는데, 수백 년이 지난 후대에는 육신 그대로 성불(成佛)을 당연시하기에 이르렀고, 남녀의 구별까지도 없앤 사상으로 발전하였다고 요약할 수 있습니다. 물론 밀교는 《법화경》보다 적어도 500여 년 후대에 성립이 되니, 이 몸 그대로 부처 이룸[法性身]이 밀교의 독창물은 아님이 분명합니다. 그럼에도 현세의 이 몸으로 부처를 이룬다는 《천수경》의 '법성신'은 《법화경》이 아니라,

밀교의 영향이라는 것이 제 생각입니다.

앞서 제기한 문제에 대해 이렇게 한 가지는 해결했지만, '법의 성품인 법성(法性)이라는 것은 도대체 무엇인가?'라는 문제는 이제 설명을 시작해야 합니다.

다행스럽게도 의상(義湘 : 625~702)스님이 방대한《화엄경》을 210자로 축약해서〈법성게(法性偈)〉라 하였는데, 그 시작 단어가 '법성(法性)'이고〈법성게〉자체가 법의 성품을 설명한 내용이니, 저는 안성맞춤으로 인용할 수 있어 아주 좋습니다.

하지만 세상의 이치가 모두 만족하기는 어려운 법인 것처럼, 여러분들은 무슨 소리인지 도무지 모르겠다고 하품만 하시는 분들이 있을 것입니다.

속사정이야 어떻든 법성(불법의 성품)에 대해, 제가 의상스님보다 더 잘 설명할 수는 없으니, 의상스님의 친 법문이라 여기시며 찬찬히 그 뜻을 새겨 보십시오.

'법성원융무이상(法性圓融無二相)'으로 시작되는 게송인데 제가 의역해 보았습니다.

　법의 성품은 둥글고 둘이 아니네

　모든 법은 고요하고 움직임이 없어

　　　　　　　　　　　왕초보 천수경박사 되다

이름과 모양이 모두 끊어진 자리네

이 경계, 지혜로도 매우 알기 어렵네

진실된 참성품은 깊고도 아주 미묘해

그 이치가 인연 따라 밖으로 나와

하나 속에 모두가, 모두가 다시 하나에

하나가 곧 모두, 다시 모두가 하나이네

한 티끌에 온 우주를 머금었고

다시 낱낱 티끌에도 역시 그러하네

셀 수 없는 시간이 곧 한 생각이며

한 생각 역시 한없는 시간이네

과거, 현재, 미래가 서로 떨어질 수 없어

그 가운데 서로 섞이지 않는 모습 보이네

믿는 마음 일으킴이 곧 깨달음을 이룸이요

나고 죽음 깨달음이 한자리에 같이하고

이치와 현상이 서로 구분될 수 없어

이것이 보현보살의 깨달은 경계이고

부처님의 깨달음의 경계이기도 하네

그 속에서 나타나는 알 수 없는 기운들

중생 위해 쏟아져 허공을 가득 채워

중생들은 원하는 바 그 모든 것 성취하네

수행자는 부디 본래 마음자리를 찾아가고

헛된 생각으로 엉뚱한 곳에 가지 마라

미묘한 방편으로 이정표를 삼아서

스스로 부처 이룰 마음자리로 들어가라

없어지지 않는 보배 다라니로써

온 우주를 법당으로 꾸미고

그 법당의 실제인 중도에 머무르면

그것을 옛날부터 부처라 이름 했다네

역시 어렵습니다.

그래서 절망감과 답답함을 느끼는 분에게 용기와 흥미를 드리기 위해, 북한의 불교학자들이 번역한 같은 〈법성게〉를 비교해 드리겠습니다.

우리말 법성게(북한 사회과학출판사, 1992년 발간, 팔만대장경 해제 중)

모든 것의 본성은 원만하게 융합되어 차별이 없나니

모든 것 움직임 없어 본래 고요하여라

이름 없고 모습 없어 분별할 길 없나니

주관과 객관이 다른 것 아니어라

　　　　　　　　　　　　　王초보 천수경박사 되다

참된 본성 매우 깊고 더없이 미묘하여

본성 없는 것들을 인연으로 나타내네

하나 속에 온갖 것 있고

온갖 것 속에 하나가 있으니

하나가 온갖 것이고

온갖 것이 하나라네

끝없는 시간이 하나의 순간이요

하나의 순간이 끝없는 시간이며

과거가 현재이고 현재가 미래이나

그렇다고 이 구분이 없는 것도 아니라네

깨닫겠다 생각할 때 깨달음을 이루나니

륜회와 열반이 언제나 함께 있고

본체와 현상에 차별이 없나니

부처의 경지이자 보살의 경지라네

해인삼매의 명상 속에서

불가사의한 여의주가 솟아나

온갖 보배를 비처럼 퍼부으니

사람들 저마다 리익을 얻는다

이 때문에 수도자가 근본으로 돌아가려면

허망한 분별을 없애야 하며

이렇게 하기 위해 설교를 따를지니

깨달음에로 이끄는 여러 가지 교리라

교리의 무진장한 보배로써

모든 세계를 장엄하게 꾸미고

진실과 중도의 평상에 앉아

언제나 드놀지 않는 자 부처라고 부르네

'중도에 머무르면 그것을 옛날부터 부처라 이름 했다네〔窮坐實際中道床 舊來不動名爲佛〕'라는 〈법성게〉의 마지막 부분이 법성신을 이룬 경지를 말합니다. 《천수경》에서 말하듯 관세음보살님에게라도 의지하여 법성신을 얻기를 바라는 간절한 원은 여러분이나 저나 마찬가지입니다. 법의 성품인 법성에 대해 감이 안 잡히도록 어렵다는 생각이 드는 것도 역시 저나 여러분이 마찬가지니 실망하지 않으셔도 됩니다. 그리고 법성에 대해 이해가 잘 안 된다 해도 걱정할 일이 아닙니다.

《천수경》에서는 관세음보살님이 다 이루어주신다 했으니, 《천수경》을 수지(受持)하면 내가 법의 몸인 법성신(法性身)을 얻게 되는데, 단지 단어의 뜻을 좀 모르는 것이 무슨 문제가 될 수 있겠습니까.

왕초보 천수경박사 되다

아약향도산 我若向刀山

| 내가 만약 칼산지옥에 떨어지면 |

도산자최절 刀山自催折

| 칼산이 스스로 무너지고 |

내가 악업이 많아 죽은 후에 만약 칼산지옥이라는 곳에 떨어지게 되면, 무지막지한 고통을 주는 칼산지옥이 스스로 무너져서 고통에서 벗어나게 해달라는 것입니다.

'아약향도산'부터 뒤의 '자득대지혜'까지는 내가 지은 악업으로 지옥과 축생의 과보를 받더라도, 고통이 없게 해달라고 관세음보살님께 당부해 놓는 것입니다.

도산 刀山 ─ ◉

도산은 도산지옥을 말합니다. 사방이 날카로운 칼로 된 산으로 이루어진 지옥을 도산지옥이라고 합니다. 도산의 칼끝이 얼마나 날카로운지 몸에 닿기만 하면 살점이 뚝 떨어져 나갑니다. 더군다나 칼의 숲이 빽빽해서 몸을 움직일 때마다 닿을 수밖에 없을 정도입니다. 결정적인 고통은 도산지옥에서는 칼에 살점이 떨어져 나가도 바로 그 자리에 살이 돋아나 다시 온전한 몸으로 회복된다고 하니, 상상하기도 끔찍한 지옥이 도산지옥인 것입니다.

저는 '칼' 하면 제일 먼저 떠오르는 것이, 중학교 때 본 정철 감독 왕우 주연의 무협영화 '외팔이' 시리즈입니다. 무술은 최고지만 인간적 번민에 고뇌하는 캐릭터의 왕우란 배우는 지금의 이연걸 이상의 인기와 카리스마가 있었습니다.

그런데 칼싸움 영화를 많이 보다 보니 흥미로운 점이 발견되던데, 전쟁에 쓰이는 칼의 종류가 생각보다 무척 다양하다는 것입니다. 우리나라의 이순신 장군이 쓰던 칼이나 중국의 《삼국지》에 묘사되는 칼들은 대체로 두께와 길이가 상당하여 무게에 의한 파워에 중점을 둔 데 반해, 일본 사무라이들의 검은 모양새가 날렵하고 종이도 벨 수 있을 만큼 칼날이 날카롭습니다. 중동을 무대로 하는 사라센의 칼들은 반원 형태로 상당히 휘어져 있습니다. 유럽의 검들도 한 손으로 휘두르며 싸우기에는 좀 크게 느껴집니다.

유럽의 역사는 거의 로마에 의해 좌우되었다 할 정도로 큰 영향을 미쳤습니다만, 로마는 독재적이고 부패한 시대였다는 선입관은 로마의 탄압을 받았던 기독교문화 쪽에서

왕초보 천수경박사 되다

역사를 기술해서 그렇습니다. 로마는 무려 기원전 753년에 세워졌고 기원후 395년 동·서 로마로 갈라졌으니, 통일 로마까지만 치더라도 무려 1,000여 년간 유럽을 지배한 역사상 유래 없는 강국이었습니다.

그렇게 오랜 기간 동안 지배할 수 있었던 요인을 각 방면의 전문가들이 밝혀 놓은 자료 또한 무척 많습니다. 당연히 로마군단이라는 강력한 군사력을 제일의 조건으로 삼는데, 특히 군의 조직편제와 전술 등이 뛰어났다고 합니다. 로마 병사들은 적군보다 상당히 우월한 전투복과 방패 등의 장비를 갖추었다고 합니다.

하지만 장비 중 백미가 바로 로마 병사들이 옆구리에 찬, 허벅지 길이 정도의 단검이었다고 합니다. 긴 칼과 방패로 일대일 백병전을 치를 때 적의 긴 칼을 방패로 막고, 한 손으로는 허리에 찬 단검을 꺼내 상대를 찔러버리는 것입니다. 단검이 절대적 위력을 발휘할 수밖에 없었을 것입니다.

만약 도산지옥의 칼이 전쟁터에서 사용된다면 핵무기보다 더 잔인한 무기가 될 것입니다. 상대에게 갖다 대기만 해도 상대의 몸이 산산조각이 나버리니, 그 고통은 이루 말할 수 없을 것입니다.

《천수경》에서 말하는 이처럼 무시무시한 도산지옥을 여

러분은 두려워하실 필요가 없습니다. 만에 하나라도 도산지옥에 가게 되면, 그 무서운 칼들이 다 무용지물이 되도록 이미 관세음보살님께 부탁드렸고, 관세음보살님은 중생과의 약속은 반드시 지키는 분이기 때문입니다.

아약향화탕 我若向火湯
| 내가 만약 화탕지옥에 떨어지면 |

화탕자소멸 火湯自消滅
| 화탕지옥이 없어져버리고 |

내가 악업이 많아 만약 죽은 후에 화탕지옥에 떨어지면, 그 화탕지옥이 없어져서 내가 고통 받지 않기를 바랍니다.

화탕 火湯 —●
화탕은 화탕지옥을 말합니다. 화탕지옥은 끓는 물에 집어넣는 형벌을 당하는 지옥인데, 도산지옥처럼 한 번 들어가 살과 뼈가 녹아도 건져내면 다시 온전한 몸으로 돌아와 같은 고통을 반복해서 당한다고 합니다.

왕초보 천수경박사 되다

병원의 의사들도 공인하는 고통들이 있는데, 심근경색으로 오는 통증, 암으로 인한 통증, 그리고 화상 환자들의 통증입니다. 치료의 과정으로 볼 때 화상 환자들의 고통은 당사자들에게는 정말 지옥입니다. 화상 입은 부위를 매일 소독하는데, 환자들은 거의 실신할 정도의 극심한 고통을 당합니다. 제가 심장병으로 장기간 입원을 하고 있을 때 직접 확인한 일입니다.

만약 저에게 도산지옥과 화탕지옥 중 선택하라고 한다면, 저는 단연 도산지옥 쪽을 선택할 것입니다. 저는 도산 (刀山) 쪽의 '산'과는 친숙하지만, 화탕(火湯) 쪽의 '물' (너무 뜨거워 물질이 다 녹아 있으니 물이라고 우겨 봅니다)과는 익숙하지 않고, 게다가 결정적으로 수영을 못 하니 도산지옥을 택하는 것이 당연합니다.

이런 지옥의 광경은 간혹 법당 벽화의 소재로도 사용되곤 합니다.

문득 화탕지옥은 온도가 얼마나 될까 하는 호기심이 들었습니다. 이것저것 들춰 보니 대략 섭씨 1,000~2,000도라는 설이 유력해 보입니다. 보통 암석이 녹아 액체가 되는 온도가 800~1,200도, 지구의 내부중심의 온도는 이론상의 최고치가 약 5,000도입니다. 태양은 중심부는 1,500만도, 표면은 대략 6,000도, 코로나 부분은 추정치가 100만도입니다. 우주왕복선이 대기로 진입할 때 우주선 외벽의 온도는 마찰열로 1,430도(이것은 정확히 측정된 온도입니다)에 이른다고 합니다.

그러니 화탕지옥은 우주선 외벽의 온도쯤 되는 가마솥에 들어갔다 나왔다를 반복하는 셈입니다. 이 정도 고통이라면 역시 화탕지옥 보다 도산지옥을 택하는 저의 판단이 현명하지 않을까요.

그런데 놀랍게도 유리가 녹는 온도인 400도에서 사는 생물이 있습니다. 심해생물을 연구하는 학자들이 대서양 해저 화산 분출구 지점인 수심 3.2Km에 서식하는 새우가 있다고 발표했는데, 그 주변의 수온이 무려 400도에 이른다고 하였습니다. 그 뜨거움에 강한 새우야말로 도산지옥보다 화탕지옥을 택할 것 같긴 합니다만, 그곳의 새우가 화탕지옥에 갈 만한 악업을 지을 리 만무해 보입니다.

아약향지옥 我若向地獄

| 내가 만약 지옥에 떨어지면 |

왕초보 천수경박사 되다

지옥자고갈 地獄自枯渴

| 지옥은 저절로 없어지며 |

내가 악업이 많아 죽은 후에 만약 지옥으로 향하게 되면, 그 지옥은 저절로 사라져 내가 지옥에 떨어지지 않기를 바랍니다.

지옥 地獄 — ●

지옥이란 말은 불교의 전유물이 아닙니다. 흥미로운 사실은 종교란 개념의 틀이 생기며, 악한 '놈'들이 죽어서 가야 할 곳이 지옥으로 지정되었다는 사실입니다. 현재와 같은 징벌적 의미의 지옥관(地獄觀)이 형성된 것은 기원전 6세기경 시작된 조로아스터교(불을 섬긴다 하여 拜火敎라고도 함)부터입니다(기원전 1200년 무렵부터라는 설도 있음). 그것이 불교와 기독교 등 세계적 종교에 도입된 것인데, 지옥의 실재(實在)는 별개의 문제이고 종교에서 지옥의 보편화의 동기가 궁금합니다.

무려 기원전 8, 9세기 그러니까 약 3,000년 전, 고대 그리스의 최초의 서사시인 호메로스(Homeros : B.C. 800?

~B.C. 750)가 쓴 〈오디세이(Odyssey)〉에 묘사된 지옥의 효시에 해당하는 문헌들을 보면, 지옥은 죄를 지은 사람이 가게 되는 땅 속 깊은 곳의 어둠침침하고 음산한 곳, 그러나 살아있는 사람도 왕래할 수 있는 장소 정도의 개념이었습니다.

그리스 로마 신화집에 빠지지 않고 수록되는 이야기를 상기해 보겠습니다.

에우리디체는 고대 그리스 신화의 인물로, 가장 위대한 음악가 오르페우스의 아내입니다. 그런데 어느 날 갑자기 에우리디체가 죽어버렸지요. 그러자 너무나 상심한 오르페우스는 살아있는 자로서 저승으로 아내를 찾으러 떠납니다. 천신만고 끝에 저승에 도착한 오르페우스는 눈물을 흘리며 노래를 하고, 이 노래에 감동한 저승의 신이 에우리디체를 오르페우스와 함께 돌려보내줍니다. 단, 이승에 도착할 때까지 절대로 뒤돌아보지 말라는 조건이었습니다. 그러나 이승이 눈앞에 다가왔을 때, 오르페우스는 그만 에우리디체를 향해 뒤를 돌아보고 맙니다. 그러자 에우리디체는 그만 저승으로 날려가 버리지요.

결국 이승에 돌아온 오르페우스는 눈물로 세월을 보내

왕초보 천수경박사 되다

게 된다는 내용입니다.

이처럼 가슴 저린 소재를 예술가들이 놓칠 리 없습니다. 같은 내용을 다룬 몇 가지 오페라 중 독일 태생의 글룩(Christoph Willibald Gluck : 1714~1787)이 작곡한 오페라 〈오르페우스와 에우리디체(Orfeo ed Euridice)〉가 대표적입니다. 극의 내용에 부합하듯 처절한 아리아들이 많은데, 그 중 '나의 에우리디체를 돌려주세요'라는 곡이 가장 널리 알려져 있습니다. 더욱이 이 오페라는 공연할 수 있는 대본과 악보가 남아 있는 몇 안 되는 초기의 오페라 중 최고의 걸작입니다. 제가 오페라를 워낙 좋아해서 혹 지나치게 오페라를 자주 거론한다고 생각하시는 분이 있을 수도 있지만, 현재 우리 귀에 익숙한 성악곡들은 대부분 오페라에 나오는 곡이라 여기셔도 될 정도로 우리 귀에 친숙한 것이 오페라입니다.

흔히 홍난파의 '봉선화', 최영섭의 '그리운 금강산'을 가곡(歌曲)이라고 부르는데, 엄밀하게 보면 가곡이란 슈베르트의 〈아름다운 물방앗간 아가씨〉, 〈겨울 나그네〉 등에 있는 독창 · 중창 등을 가리킨다고 할 수 있습니다.

우리나라의 가곡은 이런 서양 음악에 그 음률의 형식만

빌린 것입니다. 가곡이라는 단어의 의미에 충실하자면, 타령과 창이 오히려 우리의 가곡이라고 불려야 맞습니다.

기분 좋게 옆길로 샜다가 다시 음침한 지옥으로 오겠습니다.

결국 지옥은 종교가 활성화 되면서 '너, 잘못 믿거나, 안 믿으면 지옥 간다!'는 권선징악적 교훈을 극대화시키기 위해 양적·질적으로 다양해진 것이 분명합니다. 다시 말해 종교가 발생되기 이전인 샤머니즘, 애니미즘 등에 매달려 있던 우매한 시절에는 오히려 징벌 개념의 지옥은 없었다는 말입니다. 극락이나 천국도 마찬가지입니다. 자초지종이야 어찌 되었건 종교가 지옥과 극락을 만들었다는 말입니다. 가톨릭에서는 천국과 지옥의 중간에 연옥(煉獄)이라는, 지은 죄를 용서 받을 수 있는 정거장을 배려하기도 합니다.

그러나 지옥 하면 어느 종교보다 불교에서 상정해 놓은 것이 가장 다양하고 끔찍합니다. 불교에는 크게 8대 지옥이 있고, 다시 죄목의 경중에 따라 각 8대 지옥마다 다시 16개의 지옥으로 나눠지고, 거기에 대지옥 소지옥 등 136가지의 지옥이 묘사되어 있습니다. 지옥론(地獄論)에 있어서만큼은 불교가 타의 추종을 불허한다고 자랑할 만합니다.

《천수경》에서도 도산지옥과 화탕지옥을 거론한 후에,

왕초보 천수경박사 되다

다시 지옥에 가면 제발 그 지옥이 없어지게 해달라고 관세음보살님께 부탁하는 이유가, 불교에서의 지옥은 정말 가서는 안 되는 곳이기 때문입니다.

아약향아귀 我若向餓鬼

| 내가 만약 아귀계에 떨어지면 |

아귀자포만 餓鬼自飽滿

| 아귀는 저절로 배가 부르며 |

내가 악업이 많아 죽은 후에 만약에라도 항상 주린 배 때문에 고통을 당하는 아귀라는 귀신들의 세계에 떨어지면, 아귀들은 모두 저절로 배가 불러 굶주림의 고통에서 벗어나게 해주시길 바랍니다.

아귀 餓鬼 ─ ●

아귀(餓鬼)는 약간 우스꽝스런 존재입니다. 악의 과보 중 최악의 과보인 지옥보다 한 단계 나은 업보로 아귀(餓鬼)의 몸을 받는다고 합니다. 아귀는 목구멍은 바늘 같이 가늘고 배는 산만큼 큰 귀신을 말합니다. 그러니 늘 갈증과 허기에 고통을 당한다고 합니다. 《천수경》에서 저절로 배가 부르게 해달라고 '자포만(自飽滿)'의 원을 세운 것도 이 때문입니다.

그런데 재미있게도 생선 중에 아귀란 놈이 있지요. 찜으로 하면 맛이 좋아 식당에서는 아구찜이라고 적어 놓고 사람들도 그렇게 부릅니다만, 실은 아귀찜이 맞습니다. 이 아귀란 생선은 대가리도 크고 입도 무척 큽니다. 일반 생선과는 다르게 아주 욕심이 많은 놈처럼, 닥치는 대로 먹어치우기 좋은 주둥이를 갖고 있습니다. 아마 이런 모습 때문에 욕심 많은 사람이 죽으면 된다고 믿는 귀신, 아귀라고 불리는 것 같습니다.

하지만 우리에게 좋은 맛을 선사하는 생선인 아귀를 그렇게까지 욕되게 할 필요는 없어 보입니다. 정작 우리 모두가 인간의 몸을 한 아귀이기 때문입니다. 항상 자신의 입맛에 맞는 음식만 구하고, 조금 더 넓은 집을 구하고, 부귀와 명예를 구하느라 무엇인가 항상 부족해 하며 '고파하는 것'이 현재의 인간입니다.

미국과 유럽의 식탁에 양질의 스테이크 조각을 올려놓기 위해, 소들을 방목하려고 다른 곡식을 심던 곳을 초지로

왕초보 천수경박사 되다

바꿔버립니다. 한 사람 몫의 스테이크를 위해 열 사람 몫의 옥수수나 감자 농사를 포기해야 합니다. 일산화탄소 배출량을 줄인다고 대체 연료로 사탕수수나 옥수수 등을 사용하는데, 대체 연료 사용이 늘어날수록 사람이 먹어야 할 옥수수를 자동차 등 기계가 더 먹어댑니다.

아프리카에 아무리 농사지을 땅이 부족하다고 해도, 현재 지구에서 재배되고 있는 곡식이나 농·수산물은 수급의 문제가 해결되면 적어도 아사(餓死)하는 사람이 지구상에 없어야 하는 것이 정상입니다. 한쪽에서는 한 그릇의 양식에 생사가 달려 있는데, 다른 한쪽에서는 값이 조금 떨어졌다고 먹을 것을 불태우고 버리며 시위까지 합니다. 우리 모두가 살아있는 아귀인 것입니다.

아약향수라 我若向修羅
| 내가 만약 수라계에 떨어지면 |

악심자조복 惡心自調伏
| 스스로 악한 마음이 꺾여버리고 |

내가 악업이 많아 죽은 후에 만약에 싸움만 일삼고 시기심 많고 난장판 만들기를 즐기는 수라의 세계에 떨어지면, 내 스스로 악한 마음을 끊어 싸움과 난장판을 부려 아수라장을 만들지 않게 되길 바랍니다.

수라 修羅 — ●

불교에서 유래된 일상어만으로도 책 몇 권을 엮을 수 있을 정도로, 우리말과 불교는 정서적으로 융합되어 있습니다. 불교가 우리나라에 유입된 것은 공식적으로는 372년 고구려 소수림왕 때, 중국에서 순도(順道)라는 스님이 불상과 경전을 가져온 것이라고 되어 있습니다.

그러나 다른 견해도 있습니다. 지금의 김해 지역에 가야국이 있었던 서기 1세기에, 이미 남방을 통해 불교가 수입된 흔적이 있다는 주장입니다. 김해 김씨와 김해 허씨의 시조인 김수로왕(金首露王 : ?~199)이 인도의 아유타(阿踰陀)라는 지역에서 온 여인과 결혼했는데, 김수로왕의 부인이 된 이 여인이 아유타국 공주인 허황후라는 것입니다. 말하자면 인도에서 아유타국 공주가 가야로 시집올 때 불교도 같이 수입되었다는 학설입니다.

이는 《삼국유사》를 근거로 시작된 학설인데, 물고기 문

왕초보 천수경박사 되다

양의 단청 같은 가야불교의 상징이 인도의 아유타국의 그것과 유사하다는 것 등이 그 증거라고 합니다. 저도 관심 있게 이 주장을 추적해 보았는데 충분히 연구할 가치가 있다고 생각합니다.

이번 기회에 《삼국유사》의 〈가락국기(駕洛國記)〉의 내용 중 해당 부분을 소개합니다.

(사학자들은 《삼국유사》가 설화 등의 형식을 빌리고 있지만, 그 내용의 진위(眞僞)에 있어서는 《삼국사기》에 뒤지지 않는다고 평가합니다.)

건무 24년 무신(48년) 7월 27일에 구간 등이 왕을 조알할 때 말씀을 올렸다.

"대왕께서 강림하신 후로 아직 좋은 배필을 구하지 못했습니다. 신들이 기른 처녀 중에서 가장 좋은 사람을 뽑아 왕비로 삼게 하시기 바랍니다."

그러나 왕이 말했다.

"내가 이곳에 내려옴은 하늘의 명령이다. 나에게 짝을 지어 왕후로 삼게 하는 것도 역시 하늘의 명령이 있을 것이니 그대들은 염려하지 말라."

왕은 드디어 유천간에게 명하여 가벼운 배와 빠른 말을 주어

망산도에 가서 기다리게 하고, 신귀간에게 명하여 승점에 가도록 했다. 문득 바다 서남쪽에서 붉은 빛의 돛을 단 배가 붉은 기를 휘날리며 북쪽을 바라보며 오고 있었다. 유천간 등이 먼저 망산도 위에서 횃불을 올리니 사람들이 다투어 육지로 뛰어왔다. 승점에 있던 신귀간이 이를 바라보고는 대궐로 달려와 왕께 이 사실을 아뢰자 왕은 듣고 매우 기뻐했다. 이내 구간 등을 보내 목련으로 만든 키를 바로잡고 계수나무로 만든 노를 저어 그들을 맞이하여 곧 모시고 대궐로 들어가려 하자 왕후가 말했다.

"나는 너희들과 본디 모르는 터인데 어찌 감히 경솔하게 따라갈 수 있겠느냐?"

유천간 등이 돌아가서 왕후의 말을 전달했다. 왕은 그 말이 옳다고 여겨 유사를 데리고 행차하여 대궐 아래에서 서남쪽으로 60보쯤 되는 산기슭에 장막을 쳐서 임시 궁전을 만들어 놓고 기다렸다. 왕후는 산 밖의 별포 나루터에 배를 대고 육지로 올라와 높은 언덕에서 쉬었다. 그리고 자기가 입었던 비단 바지는 벗어 산신에게 폐백으로 바쳤다. 또 시종해 온 잉신 두 사람이 있었는데, 그 이름은 신보와 조광이었다. 그들의 아내는 모정과 모량이라고 했으며, 또 노비까지 있었는데 모두 합하여 20여 명이었다. 가지고 온 금수, 능라의 옷과 필단, 금은주옥과 구슬로 만든 패물 등은 이루 다 기록할 수 없을 만큼 많았다. 왕

왕초보 천수경박사 되다

후가 이제 왕이 계신 곳에 가까이 이르니 왕은 친히 나아가 맞아 함께 장막 궁전으로 들어갔다. 잉신 이하 모든 사람들은 뜰 아래에서 뵙고 즉시 물러갔다. 왕은 유사에게 명하여 잉신 내외를 안내하라고 말했다.

"사람마다 방 하나씩을 주어 편안히 머무르게 하고 그 이하 노비들은 한 방에 대여섯 명씩 있게 하라."

그리고 그들에게 난초로 만든 음료와 혜초로 만든 술을 주고, 무늬와 채색이 있는 자리에서 자도록 했으며, 심지어 옷과 비단과 보화까지 주고는 많은 군인들을 모아 그들을 보호하게 했다. 이에 왕이 왕후와 함께 침전에 들자 왕후가 조용히 말했다.

"저는 아유타국의 공주인데 성은 허씨고 이름은 황옥이며, 나이는 16세입니다. 본국에 있을 때 지난 5월에 부왕과 모후께서 저에게 말씀하시기를 '우리가 어젯밤 꿈에 하늘의 상제를 뵈었는데, 상제께서 가락국왕 수로는 하늘이 내려 보내어 왕위에 앉게 했으니 신령스럽고 성스러운 분이다. 또 새로이 나라를 다스림에 아직 배필을 정하지 못했으니, 그대들은 공주를 보내 배필이 되게 하라는 말을 마치고 하늘로 올라가셨다. 꿈을 깨었으나 상제의 말이 아직도 귓가에 생생하니 너는 이 자리에서 곧 우리와 작별하고 그곳으로 떠나라' 하셨습니다. 그래서 저는 배를 타고 멀리 증조(귀한 과일 종류)를 찾고, 하늘로

가서 번도(3000년에 한 번씩 열리는 복숭아)를 찾아 이제 모양을
가다듬고 감히 용안을 가까이 하게 되었습니다."

김해 김씨와 김해 허씨는 지금도 한 집안으로 여겨 혼인
을 금한다고 하니, 종교적 믿음과 관계없이 우리는 이미 불
교의 영향을 받고 있는 셈이고, 자연스레 불교의 용어가 일
상화되는 현상이 생겨난 것입니다.

《천수경》에서 언급한 수라(修羅) 역시 그런 언어 중 하
나입니다. 수라는 아수라(阿修羅)를 줄여 부르는 말인데,
흔히 엉망진창이 되었을 때 '어휴, 수라장이 돼버렸네'의
수라가 《천수경》의 수라와 같은 말입니다.

아수라는 싸움을 좋아해 항상 사고만 일으키는 귀신이
라고 생각하시면 됩니다. 그래도 이 정도의 업을 받는다면
앞에 언급된 지옥이나 아귀보다는 훨씬 가벼운 과보입니
다. 《천수경》에서는 바로 다음에 축생의 과보로 이어가는
데, 통상적 불교교리 상으로는 지옥 · 아귀 · 축생의 세 곳
을 삼악취(三惡趣) 혹은 삼악도(三惡道)라고 하여 윤회의
세계 중 가장 험악한 곳이라고 합니다. 그런데 《천수경》에
서는 수라의 과보를 축생의 과보보다 더 나쁜 곳으로 인식
하는 것 같습니다.

왕초보 천수경박사 되다

아약향축생 我若向畜生

| 내가 만약 축생계에 떨어지면 |

자득대지혜 自得大智慧

| 저절로 지혜를 얻기를 바랍니다 |

내가 악업이 많아 죽은 후에 만약 어리석은 마음을 버리지 못하는 짐승들의 세계에 떨어지게 된다면, 내 스스로 어리석은 짐승의 마음을 벗어나 지혜의 마음을 얻게 되길 바랍니다.

축생 畜生 ― ●

축생은 설명하지 않아도 아실 것입니다. 인간이 아닌 짐승을 축생이라고 하는데, 축(畜)은 사육하다 · 기르다의 뜻이니 축생은 미물들이 아닌 인간에게 사육되는 짐승이라는 의미가 강합니다.

지구의 먼 미래에 인간이 원숭이에게 사육당하는 모습을 그린, 20세기 폭스사의 5부작 시리즈 〈행성탈출(Planet of the Apes : '혹성탈출'은 오역된 것임)〉에서는 인간이 축생이 되어버리기도 합니다. 《천수경》에서는 내가 축생이 되면 지혜가 얻어지기를 관세음보살님께 원하고 있습니다. 이 말을 뒤집어 보면 축생의 고통은 '어리석음'이라는 말과 같습니다.

하긴 축생이 인간 같이 수많은 번뇌를 안고 살지는 않을 것입니다. 오로지 생존만이 뇌에 입력되어 번뇌는 없겠지만, 그래도 축생계에 가서는 안 되는 이유는 마음을 닦고 수행하는 마음을 내지 못할 정도의 어리석음이 있기 때문입니다.

그러나 점점 더 야박하고 살벌해지는 인간 세상을 보면, 차라리 축생은 윤회의 세계에서 받는 과보 중, 악업을 일삼는 인간보다는 다음 생에 가능성을 걸어 볼 수 있다는 자조적인 생각이 들기도 합니다.

인간은 경우에 따라서는 다음 생에 축생계로 떨어지는 것 말고도, 《천수경》에서 언급된 아수라·아귀·지옥 등이 문을 활짝 열고 손님맞이를 하고 있습니다. 하지만 축생이야 어리석음이 문제이지만, 역설적으로 그 어리석음 때문에 축생에서 지옥에 갈 정도의 악업을 짓기란 불가능해 보입니다. 호랑이가 다른 짐승을 잡아먹는다 해도 그들은 먹잇감을 얻은 것이고, 인간처럼 먹을 것을 비축하기 위한 사냥은 하지 않습니다.

오히려 동물을 주제로 한 다큐멘터리에서 보듯이, 원숭이나 코끼리조차도 자신의 새끼가 죽음을 당하면 몇 시간이고 그 곁을 떠나지 않고 지켜보는 모성애와 집단의식까지 있습니다. 여러분이 기르고 있는 애완동물을 생각해 보시면, 이놈들이 짐승의 생각으로 이런 행동을 하는 건지 의아스러운 경우가 많을 것입니다.

저도 개를 무척 좋아해서 절에서 개를 키우는데, 한번은 이런 생각을 한 적이 있습니다.

'어이쿠, 젠장. 이놈은 주인을 위해 이렇게 충성심을 발휘하고, 때론 애교를 부려 주인을 기쁘게 만드는 게 도대체 악업을 지을 일이 없네. 거짓말도 못하고, 남을 등쳐 먹지도 않고 인간들이 지켜야 할 계(戒)를 개가 더 잘 지키니, 내생에는 너와 내가 자리를 맞바꿔야 할지도 모르겠구나.'

지금까지 게송으로 연결된 《천수경》에서는 도산지옥-화탕지옥-지옥-수라-축생의 순서로, 내가 만약 악업의 과보로 다음 생에 가게 되면 관세음보살님이 구제해 달라고 원을 세운 것입니다. 즉 윤회(輪廻)의 세계 중 떨어지면 고통스러운 곳을 나열하고, 행여 그곳에 태어나게 되더라도 고통이 없게 해 달라고 관세음보살님께 구원을 청한 것입니다.

그런데 본래 윤회의 세계는 지옥·아귀·축생·수라·인간·천상 등 여섯 곳을 일컫고, 이를 육도윤회(六道輪廻)라고 합니다.

육도(六道)는 '六度'로 쓰기도 하는데, 어쨌건《천수경》에서 육도윤회 하는 곳 중 '인간'과 '천상(天上)'은 제외하고 있다는 것은, 인간과 천상은 다시 태어나도 괜찮은 곳이라는 뜻으로 받아들여도 됩니다.

나무 관세음보살 마하살 南無觀世音菩薩摩訶薩

| 관세음보살님께 귀의합니다 |

이제부터는 다시 관세음보살님에게 귀의한다는 다짐이 계속되는데, 간혹 관세음보살님이 아닌 다른 보살들도 귀의의 대상으로 등장합니다.

나무 南無 ─●

나무는 귀의(歸依)와 마찬가지로 믿고 의지한다는 말입니다. 앞의 '아금칭송서귀의(我今稱誦誓歸依)'에서 나온 귀의와 같은 의미인데, 역시 산스끄리뜨어 나마스 (Namas)를 한자음에 가깝게 음역한 것입니다. 요즘은 대부분 '나무'로 통일하여 쓰는 것이 정착되었는데, 전에는 '나모', '남모'로 표기하기도 하였습니다.

대개 불·보살의 앞에 붙여 불·보살님을 받들어 공경함은 물론이고, 내 목숨조차 돌이켜 의지하고 믿는다는 절대적 신심의 의지를 나타냅니다. 원래 '나무' 다음에 이어지는 귀의의 대상은 부처님이나 보살들이었으나, 대승불교가 발달한 후에는 진리, 즉 불법(佛法) 등에 절대적으로 의지한다는 의미로 그 사용 범위가 넓어집니다. 《천수경》의 마지막 부분인 '나무상주시방불 나무상주시방법 나무상주시방승'의 '나무'가 그런 경우입니다. 심지어는 불경의 이름 앞에 '나무'를 붙여 불경을 믿음의 상징으로 여기기도 합니다. '나무대방광불화엄경', '나무묘법연화경' 등이 그 예입니다.

흔히 '남묘호렌게쿄'라고 알려져 있는 일련정종(日蓮正宗)에서는 '나무묘법연화경(南無妙法蓮華經)'을 일본말로 발음하여 '남묘호렌게쿄'라 하는 것입니다. 《법화경》을 소의(所依)경전으로 삼기는 하지만 석가모니를 부정하는 묘한 신앙으로 포장한 이 사법(邪法)의 단체는 우리나라에서

만 문제가 되는 것이 아니라, 발생지인 일본불교에서도 인정받지 못하고 있습니다. 최근에는 국제창가학회(Soka Gakkai International)의 약어로 SGI라고 자신들을 칭하는데, 아마 '남묘호렌게쿄'의 부정적인 이미지를 벗기 위한 방법이라고 생각합니다. 이 단체는 정통 불교와 전혀 관련이 없는 사이비 집단입니다.

어쨌든 이들은 '나무'를 《법화경》의 원래 이름인 '묘법연화경' 앞에 붙여 그것을 '남묘호렌게쿄'라고 염불 기도하듯 하는 것을 최고로 여기고 있습니다.

보살 菩薩 — ●

보살은 《천수경》에 가장 많이 나오는 말이라고 앞에서도 몇 번 설명했습니다. 그럼에도 불구하고 보살에 대해 다시 확인해 드려야 할 이유가 있습니다.

우리는 지금 《천수경》을 공부하고 있고, 《천수경》은 대승불교의 총론(總論)에 해당하는 경입니다. 그리고 대승불교의 핵심은 보살사상에 있습니다. 다시 말씀드려 불교를 이해하려면 바로 이 보살의 개념을 충실히 아는 것이 필수입니다.

보살은 '상구보리 하화중생(上求菩提下化衆生)'이라고,

왕초보 천수경박사 되다

위로는 깨달음을 추구하며 동시에 중생도 구제한다는 원을 세워 실천해 나가는 수행자의 모범적 모습입니다. 심지어 보살의 목표인 깨달음이 늦어지더라도 중생 구제를 우선시한다는 큰 자비심을 수행의 근본으로 삼아야 진정한 보살인 것입니다.

보살의 목표인 깨달음의 경지는 52단계가 있습니다. 《화엄경》에는 보살이 부처를 이루기까지의 이 52단계를 상세히 밝혀 놓았습니다. 보살의 52단계란 부처를 이루기 전 보살로서의 수행의 단계를 52계위(階位)로 구별한 것으로, 쉽게 말씀드리면 이 52가지의 깨달음의 경지를 거쳐 부처를 이룬다고 생각하시면 됩니다. 또 다른 말로는 부처가 되기 위해서 반드시 거쳐야 할 52가지 수행을 뜻한다고 이해하셔도 됩니다.

보살 수행의 필수 과정인 이 52단계는 십신(十信)·십주(十住)·십행(十行)·십회향(十廻向)·십지(十地)에 각 10계위가 있어 50단계이고, 그 다음은 51위인 등각(等覺), 52위인 묘각(妙覺)을 거쳐 부처에 이른다는 것입니다.

대승불교의 견지에서는 이 52단계의 보살 수행을 거쳐야 부처님과 같은 경지에 도달할 수 있다고 합니다.

마하살 摩訶薩 ─ ●

마하살은 유독 보살(菩薩) 뒤에만 붙는 겹존칭어입니다. 사실 보살이라는 말 자체가 '인간의 단계를 넘어 수행을 완성한 이'로서 존경과 귀의의 대상이라는 의미가 포함된 말입니다.

그런데 대승불교 후기에 이르러서는 수백 수천의 다른 이름을 가진 보살들이 등장하게 됩니다. 그러다 보니 그 많은 보살 중에서도 특별하고 수승한 능력과 지위에 있는 보살들에게는 '마하살'이라는 표현을 더해 '보살마하살'이라고 구별하기에 이릅니다.

그러니까 보살마하살은 대보살(大菩薩), 즉 보살 중에서도 특별히 뛰어나고 수승한 보살을 지칭하는 말이라고 생각하시면 됩니다.

《천수경》에서 지금 열거되고 있는 보살들은 모두 마하살이 붙었으니, 그런 의미에서 그냥 보살이 아니라 아주 대단한 보살이라고 단정해도 됩니다. 그도 그럴 것이《천수경》의 이분들은 중생에게는 부처님과 다를 바 없는 관세음보살을 지칭하니, '마하살'을 붙이는 것은 당연하다는 생각이 듭니다.

나무 대세지보살 마하살 南無大勢至菩薩摩訶薩

| 대세지보살님께 귀의합니다 |

대 세 지 보 살 大勢至菩薩 ─ ●

대세지보살은 《천수경》의 주인공인 관세음보살과 함께 아미타불(阿彌陀佛)의 협시(脇侍 : 부처님 양 옆에 계시는 보좌격인 보살) 보살입니다. 주불을 아미타불로 모실 때 아미타불 왼쪽에 관세음보살, 오른쪽에 대세지보살을 모십니다. 이렇게 아미타불을 주불로 관세음과 대세지보살을 좌우 협시로 하는 삼존불을 모신 법당을 아미타전(阿彌陀殿), 극락전(極樂殿), 혹은 무량수전(無量壽殿)이라고 합니다.

대세지보살은 서방정토인 극락세계에 계신, 지혜와 광명이 으뜸인 보살입니다. 정토삼부경 중 하나인 《관무량수경(觀無量壽經)》에는 지혜의 빛으로 널리 중생을 비추어 삼도(三道)를 떠나 무상(無上)한 힘을 얻게 하고, 발을 디디면 삼천세계와 마군(魔軍)을 항복시키는 큰 위세가 있다고 하였습니다. 그 형상은 정수리에 보병(寶瓶)을 이고 천관(天冠)을 썼다고 합니다.

저도 출가하기 전에는 그랬습니다만, 불자들은 법당에

들어가면 불단에 모셔진 세 분의 부처님을 향해 향을 사르고 삼배를 올리긴 하는데, 내가 절하는 부처님과 보살의 명호(이름)가 무엇인지 궁금했을 것입니다.

가운데 모셔진 주불(主佛)의 경우는 그 법당의 현판을 보면 알 수 있습니다. 대웅전은 주불이 석가모니불이고, 극락전은 아미타불, 대적광전 혹은 비로전은 법신(法身)인 비로자나불, 약사전은 약사불이 주불입니다. 지장전은 지장보살, 나한전은 부처님 제자인 아라한을 모셨고, 관음전 혹은 원통전은 관세음보살을 주불로 모신 법당입니다. 이렇듯 현판의 이름으로 법당의 주불을 구별하는 것은 그리 어렵지 않습니다.

그런데 주불 좌우의 협시 불·보살의 경우는 삭발의 형상인 지장보살과 평범한 사람 모습인 나한을 제외하고는, 조성되어 있는 형상마저 흡사해 여간해서는 구별하기가 쉽지 않습니다. 하지만 관세음보살의 경우는 간단히 알아볼 수 있는데, 보살상의 머리에 쓴 보관 한가운데 조그맣게 부처님을 조각해 놓았습니다. 이 조각된 부처님은 아미타불로 관세음보살이 머리에 이고 계신 것입니다. 불상을 이고 있는 보살상은 관세음보살이 유일하니, 이런 형상의 보살은 관세음보살이 틀림없습니다.

그렇다면 왜 관세음보살은 아미타불을 머리에 모시고 계실까요. 아미타불은 모든 보살의 본사(本師)이시기 때문입니다. 《천수경》에서 이렇게 보살님께 귀의합니다를 반복하고는 '나무본사아미타불(南無本師阿彌陀佛)'로 마치는 이유도 마찬가지입니다.

간혹 대세지보살을 뒤에 이어지는 관세음보살의 다른 이름 중 하나로만 설명해 놓은 경우가 있는데 잘못된 것입니다.

나무 천수보살 마하살 南無千手菩薩摩訶薩

| 천수보살님께 귀의합니다 |

천수보살 千手菩薩 ─ ●

천수보살은 관자재보살과 함께 가장 보편적인 관세음보살의 다른 이름입니다. 손이 천 개나 되는 보살이라는 의미로 천수보살이라고 하는데, 이는 모든 중생을 구제하기 위해서는 많은 손이 필요하다는 소박한 생각에서 나온 이름입니다.

'천수천안관자재보살'이라고, 중생을 보살피려면 손뿐

만 아니라 눈 역시 많아야 한다고 '천수천안'은 거의 한 낱말로 표현하고 있습니다. 조성된 불상에 마치 후광처럼 둥 그렇게 많은 손을 조성한 불상이 바로 이 천수보살입니다. 제가 본 탱화 중에는 불국사와 고란사의 천수관음이 인상적이었습니다.

천 개라는 말은 많음을 상징하는 것이지만, 실제로 손이 천 개면 편리할 때가 많을 것 같기도 합니다. 오케스트라 연주도 혼자서 할 수 있을 테니까 말입니다. 그러나 한겨울에 외출하려고 장갑을 끼려면 전날부터 준비해야 할 것 같습니다. 그렇다고 천 개의 손을 원망할 필요는 없을 것 같은데, 내일 만나기로 한 지네는 그 시간에 이미 외출을 위해 운동화 끈을 매고 있을 것이기 때문입니다.

나무 여의륜보살 마하살 南無如意輪菩薩摩訶薩

| 여의륜보살님께 귀의합니다 |

여의륜보살 如意輪菩薩 ─●

관세음보살의 다른 이름 중 여의륜보살은, 여의주(如意珠)와 법륜(法輪)을 구족하시어 중생을 구제하신다는 의미

왕초보 천수경박사 되다

에서 유래한 이름입니다. 여의주는 말 그대로 생각하는 대로 소원을 이루게 하는 구슬이고, 법륜은 법의 수레바퀴란 뜻입니다. 곧 중생에게 여의주로 소원을 이루게 해주며, 그 인연으로 불법으로 인도해주신다는 의미에서 여의륜보살이라고 합니다. 이 보살이 지니신 여의주는 손오공도 가졌다는 여의주와는 그 성능에서 당연히 차이가 나겠지요.

나무 대륜보살 마하살 南無大輪菩薩摩訶薩

| 대륜보살님께 귀의합니다 |

대륜보살 大輪菩薩 — ●

대륜보살은 법의 큰 수레바퀴를 굴리시어 중생을 구제한다는 뜻의 관세음보살의 다른 이름입니다. 바로 앞의 여의륜보살의 법의 수레인 '륜(輪)'을 강조한 것입니다.

관세음보살님을 법의 수레바퀴를 굴리는 보살인 대륜보살로 부를 만한 이유는 여러 면에서 타당성이 충분합니다. 우선 관세음보살은 중생을 구제하는 방편에서 으뜸이고, 이미 중생의 마음을 사로잡고 있는 보살이시기 때문입니다. 게다가 스님이나 불교신도들의 머릿속에 석가모니불을 제외하고는, 가장 강하게 각인된 보살이시기 때문입니다. 불교를 전혀 모르는 이들에게도 '나무아미타불 나무관세음보살'이란 말은 너무나 익숙합니다.

그런 의미에서 보면 대륜(大輪) 앞에 '大'자를 한없이 붙여도 부족할 정도로 모든 중생에게 가장 잘 알려졌고, 또 그만한 능력과 위신력(威神力)을 갖추셨으니, 그분이 바로 관세음보살님이십니다.

나무 관자재보살 마하살 南無觀自在菩薩摩訶薩

| 관자재보살님께 귀의합니다 |

관자재 보살 觀自在菩薩 ─ ●

'관자재보살 역시 관세음보살의 다른 이름입니다.' 이렇게 간단히 설명을 해도 제게 이의를 제기할 사람은 없을 것입니다. 더군다나 서론 부분에서 관세음보살을 설명할 때 언급했었지만, 여러분을 《천수경》박사는 아니더라도 관세음보살이나 관자재보살에 관해서 만큼은 박사가 되어야 한다는 의미에서, 가능하면 좀 다른 각도에서 체감할 수 있게 재차 설명을 드립니다.

왕초보 천수경박사 되다

관자재보살은 관세음보살의 다른 이름으로 가장 널리 쓰여지는 이름입니다. 경전에 가장 많이 등장하는 보살도 역시 관세음보살입니다. 그런데 경전에서도 '관세음보살'로 등장할 때와 '관자재보살'로 표현할 때에 분명한 차이가 있습니다. 예를 들면《법화경》중 〈관세음보살보문품〉에서는 관세음보살로 등장합니다. 그런가 하면《반야심경》에서는 관자재보살로 이름합니다.

이것은 경전이 편찬될 때 우연히 선택된 것이 아니라, 경전에 분명히 의도하는 바가 있어 관세음 또는 관자재로 구별하여 표현하는 것입니다. 즉 중생을 제도하는 구제보살로 등장할 때는 관세음보살이라 칭하고, 수행을 닦아가거나 이미 완성한 보살로 마음이 자재한 경지에 오른 보살로 등장할 때는 관자재보살이라고 합니다. 〈관세음보살보문품〉은 완벽한 중생 구제 보살로서의 주인공이니 관세음보살이고,《반야심경》에서는 아뇩다라삼먁삼보리라는 깨달음을 철저히 추구하는 수행 보살로서의 주인공이니 관자재보살이라 부르는 것입니다.

《천수경》에서는 아주 묘하게 두 가지를 다 취합니다.《천수경》의 원래 경명이 '천수천안 관자재보살 광대원만 무애대비심 대다라니경'인데, 이 경명에는 중생 구제의 보살과, 수행을 완성해 마음이 원만 자재한 보살의 경지를 다 함축하고 있는 것입니다. 말이 나온 김에 한 걸음 더 내치면 경명에서 용어의 복합적 사용에서 암시하듯이, 이 《천수경》은 신묘장구 대다라니를 중심으로 그 전후의 격(格)이 너무나 차이가 나서 때론 그 핵심을 잡기가 난감한 부분이 있습니다. 해설자의 입장에서는 부분적인 모순을 감수해야 하는 난감함을 《천수경》의 본문을 들어가며 설명하겠습니다.

앞부분 '아약향지옥' 등에서는 내가 죄를 지어 지옥에 가면 관세음보살님께서 구제해 달라고 발원합니다. 내가 스스로 지옥에서 벗어나야 한다는 자신감을 세우지 못하고 관세음보살님께 의지하는 것입니다. 그러나 뒤에서는 '죄무자성종심기', 즉 '죄는 본래 그 자성이 없어…'라며 지옥에 가고 말고도 결국은 내가 마음먹기에 달렸다는 식으로 설하고 있습니다. 이렇듯 곳곳에 신앙적 불교와 수행의 불교가 함께 있고, 또 소승·대승불교와 밀교가 혼재되어 있는 경이 《천수경》입니다.

이 문제는 뒤에서 구체적으로 재론하고 있으니, 지금은 다시 관자재보살의 설명에 충실하고자 합니다.

말씀드린 바와 같이 관세음보살과 관자재보살은 이런

왕초보 천수경박사 되다

'주체'의 차이에 따라 구별하여 칭명(稱名)합니다. 그런데 《능엄경》이라는 경전에는 왜 관세음보살이라 불리게 됐는지, 그 인연에 대해 밝혀 놓은 흥미로운 대목이 있습니다.

서두에서 관세음보살을 설명할 때 이미 밝힌 부분과 유사하긴 하지만, 경전 속에서 직접 그 의미를 확인할 수 있다는 것은 소중한 일입니다.

《능엄경》 권6의 해당 부분을 발췌하였습니다.

관자재보살이 말하였다.

"세존이시여! 저는 또다시 이 듣는 놈을 훈습하고 듣는 놈을 닦는 금강삼매의 작위(作爲)가 없이 오묘한 힘으로 시방 삼세 육도의 모든 중생으로 더불어 애절한 우러름이 같으므로 모든 중생으로 하여금 저의 몸과 마음에서 열네 가지 두려움 없는 공덕을 얻게 하겠나이다.

…(중략)…

제가 처음으로 오묘하고 오묘한 듣는 마음을 얻고서 마음이 청밀해지고 들음을 버릴 수 있게 되어 보고 듣고 깨닫고 느끼는 것이 따로이 막히는 것이 없어서 하나로 원만하게 융통하고 청정한 보배의 깨달음을 이루었으므로 저는 여러 가지 오묘한 용모를 나타내며 그지없는 비밀스러운 신주를 말하노니…

…(중략)…

세존이시여! 저 부처님께서 제가 원만하게 통하는 법문을 훌
륭하게 증득하였다고 찬탄하시고 큰 모임에서 저에게 수기하
여 '관세음'이라 하였으니, 이는 저의 들음을 관함으로 말미암
아서 시방이 원만하게 밝았으므로 관세음이란 이름이 시방세
계에 두루 퍼지게 되었습니다."

정리하면 관세음보살은 세상의 소리〔世音〕를 관찰〔觀〕
하는 것을 수행의 근본으로 삼아, 보살의 경지에 이르러 부
처님에게 '관세음'이라고 수기(受記)받았다는 것입니다.
이런 관세음보살의 소리로 얻은 경지를 이근원통(耳根圓
通)이라고 합니다.

여러분도 물소리, 바람소리, 새소리, 천둥소리 같은 자
연의 소리나 나를 비방하고 욕하는 소리, 나를 칭찬하는 소
리 등 세상의 모든 소리를 듣기는 하되, 그 마음에 흔들림
이 없으면 관세음보살님과 같은 수행을 하여 같은 경지에
오를 수 있습니다.

불법을 따르며 마음을 닦는 수행을 한다고 스스로 자처
하는 사람들은 관세음보살님과 같은 경지에는 아직 미치지
못한다 하여도, 적어도 관세음보살의 '소리 수행'을 응용

왕초보 천수경박사 되다

하면 언제 어느 곳이건 가릴 것 없이 수행하는 마음이 증장
될 것입니다.

나무 정취보살 마하살 南無正趣菩薩摩訶薩

| 정취보살님께 귀의합니다 |

정취보살 正趣菩薩 ─ ●

정취보살은 관세음보살의 다른 이름이라고는 하지만,
천수보살이나 관자재보살의 경우와 같이 관세음보살과 동
일한 보살이라고 하기에는 조금 생각해 봐야 할 문제가 있
습니다. 정취(正趣)는 '다른 길로 가지 않는다'는 뜻인데,
한 번 세운 원을 향해 오로지 외길 수행으로 일관한다는 뜻
으로 무이행보살(無異行菩薩)이라고도 합니다.

정취보살은 《화엄경》의 마지막 품인 〈입법계품〉에서 선
재동자가 53명의 선지식을 만날 때, 스물아홉 번째로 등장
합니다. 선재동자가 보살의 길을 어떻게 갈 것인지 묻자,
정취보살이 "선남자여, 나는 보살의 해탈을 얻었으니, 이
름하여 '보문속질행해탈(普門速疾行解脫)'이다"라고 대답
하는 장면이 있습니다. 여기서 '보문(普門)'이라는 말과 오

로지 중생 구제를 제일의 원으로 삼는다는 것이 관세음보살과 같기에 동일한 보살로도 표현된다고 유추할 수는 있을 것 같습니다.

그런데 우리나라의 대표적 관음도량인 낙산사(676년 신라 문무왕 16년 의상이 창건)의 주법당인 원통보전에 관세음보살과 정취보살 두 보살을 나란히 모셨다는 기록이 전해집니다. 현재는 낙산사 하면 홍련암과 의상(義湘)스님이 연상되는데,《삼국유사》중 〈낙산이대성(洛山二大聖, 낙산의 두 성인 관음보살과 정취보살을 지칭함)〉편을 소개해드리니, 읽으시며 정취보살과 관세음보살의 동일성과 차이점을 추론해 보시기 바랍니다.

옛날 의상법사가 처음 당나라에서 돌아와 관음보살의 진신이 이 해변의 어느 굴속에 산다는 말을 듣고 이곳을 낙산이라 이름했다. 이는 대개 서역에 보타낙가산(관세음보살이 상주한다는 산)이 있는 까닭이다. 이것을 소백화라고도 했는데, 백의대사의 진신이 머물러 있는 곳이므로 이것을 빌어다 이름을 지은 것이다. 의상은 재계한 지 7일 만에 좌구를 새벽 일찍 물 위에 띄웠더니 용천팔부(불법을 수호하는 여러 신장)의 시종들이 그를 굴속으로 안내했다. 의상이 공중을 향하여 참례하니 수정 염주 한

왕초보 천수경박사 되다

꾸러미를 내주었다. 의상이 받아 가지고 나오는데, 동해의 용이 또한 여의보주 한 알을 바치니 의상이 받들고 나왔다. 다시 7일 동안 재계하고 나서 이에 관음의 참모습을 보았다.

관음이 말했다.

"좌상의 산꼭대기에 한 쌍의 대나무가 솟아날 것이니, 그 땅에 불당을 마땅히 지어야 한다."

의상이 말을 듣고 굴에서 나오니 과연 대나무가 땅에서 솟아나왔다. 이에 금당(金堂 : 주불을 모신 법당)을 짓고, 관음상을 만들어 모시니 그 둥근 얼굴과 고운 모습이 마치 천연적으로 생긴 것 같았다. 그리고 대나무는 즉시 없어졌으므로, 그제야 관음의 진신이 살고 있는 곳인 줄 알았다. 이런 까닭에 그 절 이름을 낙산사라 하고, 의상은 자기가 받은 두 가지 구슬을 불당에 봉안하고 떠났다.

그 후에 원효가 뒤이어 와서 여기에 예배를 올리려 하였다. 처음에 남쪽 교외에 이르자 흰옷을 입은 여인이 논 가운데서 벼를 베고 있었다. 원효가 희롱삼아 그 벼를 달라고 청하자, 여인은 벼가 영글지 않았다고 대답했다. 원효가 또 가다가 다리 밑에 이르자 한 여인이 월수백(月水帛 : 월경 때 입었던 옷)을 빨고 있었다. 원효가 물을 달라고 청하니 여인은 그 더러운 물을 떠서 바쳤다. 원효는 그 물을 엎질러 버리고 다시 냇물을 떠서 마셨다. 이때 들 가운데 서 있는 소나무 위에서 파랑새 한 마리가 그를 불러 말했다.

"그대 화상은 가지 마십시오."

그러고는 문득 숨어 보이지 않는데, 그 소나무 밑에는 신발 한 짝이 떨어져 있었다.

원효가 절에 이르니 관음보살상의 자리 밑에 아까 보았던 신발 한 짝이 있으므로, 그제야 아까 만난 성녀(聖女)가 관음의 진신임을 알았다. 이 때문에 당시 사람들은 그 소나무를 관음송이라 했다. 또 법사가 성굴(聖窟)로 들어가서 다시 관음의 진용을 보려 했으나 풍랑이 크게 일어나므로 들어가지 못하고 그대로 떠났다.

그 후에 굴산조사 범일이 태화 연간(827~835)에 당나라에 들어가 명주 개국사에 이르니, 왼쪽 귀가 없어진 한 스님이 여러 대중의 끝자리에 앉아 있더니 조사에게 말했다.

"저도 또한 고향사람입니다. 집은 명주의 경계인 익령현 덕기방에 있습니다. 조사께서 후일 고향에 돌아가시거든 반드시 내 집을 지어주어야 합니다."

이윽고 조사는 총석(叢席 : 많은 스님들이 모여 있는 곳)을 두루 돌아다니다가 중국 항주의 염관에 있던 제안선사에게 법을 얻고 회창(會昌 : 당 무종의 연호) 7년(847)에 본국으로 돌아오자 먼

왕초보 천수경박사 되다

저 굴산사를 세워서 불교를 전했다. 당나라 선종 12년(858) 2월 보름날 밤 꿈에, 전에 보았던 스님이 창문 너머에 와서 말했다.

"지난 날 명주 개국사에서 조사와 약속하여 이미 승낙을 얻었는데, 어찌 이리 늦는 것입니까?"

범일은 놀라 꿈에서 깨어 사람들 수십 명을 데리고 익령 경계로 가 그가 사는 곳을 찾았다. 낙산 아랫마을에 한 여인이 살고 있으므로, 이름을 묻자 덕기라고 했다. 그 여인에게는 아들이 하나 있었는데, 나이 겨우 여덟 살이 되자 마을 남쪽 돌다리 가에 나가 놀았다. 그는 어머니에게 말했다.

"나와 같이 노는 아이 중에 금빛이 나는 아이가 있습니다."

아이의 어머니는 그 말을 범일에게 했다. 범일은 놀라고 기뻐하며 그 아이가 함께 놀았다는 다리 밑으로 갔다.

찾아보니 물속에 돌부처 하나가 있었다. 꺼내보니 왼쪽 귀가 끊어져 있고 전에 만난 스님과 같았다. 이것이 바로 정취보살의 불상이었다.

이에 간자(簡子 : 점치는 대나무 조각)를 만들어 절을 지을 곳을 점쳐 보니 낙산 위가 가장 좋으므로 그곳에 3칸짜리 불당을 짓고 그 불상을 모셨다. 그 후 백여 년이 지나 들에 불이 나서 이 산까지 번졌으나 오직 관음·정취 두 성인을 모신 불당만은 그 화재를 면했으며, 나머지는 전부 다 타버렸다.

이 이야기가 수록된 일연(一然)의 《삼국유사》는 김부식의 《삼국사기》와는 달리 정사(正史)로 인정받지 못하고 있습니다. 앞에서도 일연스님의 《삼국유사》를 인용하였기에 일연스님에 대해 간단하게라도 소개하겠습니다.

사실 조선시대에 들어서 왜곡된 일연스님에 대한 시각이 지금까지도 남아 있기 때문에, 일연스님에 대해 심지어 요승(妖僧)이라는 극단적인 말까지 합니다. 그러나 최근에 일연스님과 《삼국유사》에 대한 재평가가 이루어지고 있어 다행입니다. 가재는 게 편이라고 제가 일연스님과 같은 승려라서 하는 말만은 아닙니다. 일연스님은 고려 말 선풍(禪風)을 일으키며 왕에게까지 불법을 설하였고, 1283년에는 국존(國尊)으로 추대되고 원경충조(圓經冲照)의 호를 받았다고 하니, 이(理)와 사(事)가 자재함은 물론 현실감각과 안목도 뛰어난 스님임이 틀림없습니다.

부처님 당시의 출가자인 사문(沙門)들은 그 당시에는 최고의 사상가이자 최고의 현실감각을 지녔으며, 그 실천에 있어서도 모범을 보인 최고의 엘리트 집단으로 존경을 받았습니다. 3,000년 가까이 지난 지금도 악습으로 지속되는 계급제도(카스트)가 인도 역사상 유일하게 부처님이 살아계실 때의 승단에서만은 존재하지 않았습니다. 간디의 죽음도 이 문제와 연관지을 수 있고, 인도 현대화의 가장 큰 걸림돌이 바로 이 계급제도임을 생각한다면, 부처님과 그 제자들이 얼마나 영향력이 막강한 시대의 개혁가인가를 충분히 유추할 수 있습니다.

일연스님도 이에 못지않은 시대의 선각자라 할 수 있습니다.

정취보살을 설명하다 일연스님으로 넘어와 버렸지만, 지금의 스님들은 같은 부처님 제자임에도 왜 이리 무기력하고 사명감이 없는지 한탄스러워, 제 마음이 이리로 흘러 버렸습니다.

어쨌든 《삼국유사》의 내용에 의하면 정취보살은 관세음보살과는 다른 보살이라는 사실은 전달된 것으로 알고 마무리 짓겠습니다.

나무 만월보살 마하살 南無滿月菩薩摩訶薩

| 만월보살님께 귀의합니다 |

만월보살 滿月菩薩 —

만월보살 역시 관세음보살의 다른 이름으로, 둥근 보름

달과 같이 공덕이 원만하고 상호(相好 : 불·보살의 얼굴)가 원만한 보살입니다. 빛을 모든 중생에게 골고루 비춰준다는 의미에서 만월보살이라고 합니다.

나무 수월보살 마하살 南無水月菩薩摩訶薩

| 수월보살님께 귀의합니다 |

수월보살 水月菩薩 ─●

수월은 하늘에 뜬 달이 물속에 비친 달이라는 뜻으로, 수월보살은 인생의 허무에서 발생한 고난을 구제하여 달관하게 하는 사색적인 보살의 모습을 하고 있습니다. 머릿속에 그려 보시면 참 낭만적이고 자비가 가득한, 그림만 보아도 넉넉함이 느껴질 만한 모습이 수월보살의 모습입니다.

이 수월관음을 주제로 한 그림은 주로 남인도의 바다에 면한 보타락가산(補陀洛迦山)의 바위 위에 반가좌(半跏坐)의 모습을 하고 있습니다. 이 반가사유(半跏思惟)의 모습은, 인간이 가지고 있는 환상이 꿈 또는 물에 비친 달의 덧없음과 같다는 것을 깨우침으로써 인생의 고난을 초월하도록 도와주는 것이라고도 생각됩니다. 수월보살은 그림의 구도나 배경이 조화를 이룰 수 있는 장점을 훌륭히 갖추고 있습니다.

그래서 수월보살상은 고려시대에 관음신앙과 더불어 불
화(佛畵)의 주제로 가장 많이 그려졌습니다. 1993년 호암
미술관에서 고려불화특별전을 개최한 적이 있었습니다. 호
암미술관의 자체 소장 고려불화와 일본에 있던 고려불화를
어렵게 반입하여 전시했기 때문에 진품을 볼 수 있었던 것
입니다. 보살도(菩薩圖)가 원래 많기는 하지만, 고려불화
중 국보나 보물로 지정된 불화(佛畵)는 수월보살을 그린 그
림이 대부분을 차지하고 있습니다. 고려불화는 그 색감과
전체적 균형미와 원근법 등이 그 당시로는 세계 최고의 수
준임을 아무도 부정할 수 없습니다.

수월보살도 중에서 유명한 것은 호암미술관에 소장된
보물 제926호 수월관음보살도와 일본으로 유출되어서 고
야산령보관(高野山靈寶館)에 소장되어 있다가 1991년 뉴
욕의 소더비즈 경매에서 낙찰된 수월관음도가 있습니다.
일본에 있던 수월관음도는 경매에서 미국인에게 176만 달
러(당시 환율로 13억 원)에 낙찰되었습니다.

소장자와 직접 매매하든 경매를 통하든, 돈으로 환산할
수 없는 한국의 문화와 예술의 최고 가치를 지닌 우리 문화
재는, 기회가 닿는 대로 국가의 문화재 담당부서나 재벌들

이 앞장서서 되찾는 작업을 게을리 해서는 안 된다고 생각합니다.

그림에 대한 얘기가 나온 김에 거론합니다만, 현대 예술가 중에서 미국을 중심으로 한 소위 팝 아트(Pop Art)의 선두주자 로이 리히텐슈타인(Lichtenstein, R.)의 '행복한 눈물(Happy Tears)'이라는 작품을 보신 분들이 있으실 것입니다. 물론 저나 여러분이나 삼성그룹이 문제를 일으켰을 때 TV 뉴스를 통해 잠깐 본 것이 전부일 것입니다.

하여간 감정 결과 진품으로 결론이 난 이 〈행복한 눈물〉은 구입한 사람이, 2002년 11월 13일 뉴욕 크리스티 경매에서 715만 9500달러(당시 환율로 약 90억 원)에 낙찰 받았다고 하였고, 감정한 전문가는 지금의 가격은 최소한 그 두 배인 200억 원은 거뜬히 나갈 것이라고 증언했습니다. 안목에 따른 가치의 심한 차이를 감안한다 하더라도, 국보급인 고려의 수월보살도가 현대 작가의 미술 작품가격의 1/20 수준이라는 사실에 기가 막힐 따름입니다. 다행히 팝 아트로 불리는 이런 류의 작품 가격은 실은 미국의 자본주의와 허영심에 투기까지 결합한 천박한 현상이라고 개탄하는 미술가들도 많습니다.

나무 군다리보살 마하살 南無軍茶利菩薩摩訶薩

| 군다리보살님께 귀의합니다 |

군다리보살 軍茶利菩薩 ─ ●

이번에 등장하는 군다리보살은 관세음보살과의 연관성을 찾느라고 애를 먹었습니다.

'군다리(軍茶利)'라는 말의 어원은 산스끄리뜨어 군다리(Kundali)인데, 병(甁)을 뜻하는 말이라고 사전에 소개되어 있습니다. 그렇다면 관세음보살이 지니신 중생 구제를 위한 감로수 병을 염두에 두고 군다리보살이라고 하지 않겠는가 하고 생각하였는데, 예상외로 그렇지 않았습니다. 자료를 수집하다 보니 다음과 같이 설명해 놓은 것이 있었습니다.

광활한 우주 중심에는 파멸과 고통을 일으키는 악마들을 엄히 막아내고 선을 굳건히 지켜가는 업무를 담당한 보살이 한 분 있는데, 이름하여 '군다리 보살'이다. 우주의 별나라(지구도 우주의 한 별에 속함)마다 전쟁이나 굶주림으로 혼란스럽고, 인간들은 삶과 죽음의 고통으로 허덕이게 되는 것은 모두 악마의

짓이다. 그런데 이 눈에 보이지 않는 악마란 존재는 바늘 끝 만한 빈틈만 있어도 한순간에 먹물처럼 스며들어와 버리기 때문에, 선을 지켜내기는 한 찰나도 마음을 놓아서는 안 되는 아주 힘든 일이다.

어느 날 '군다리보살'은 수없이 쫓아내도 어느 틈에 다시 밀고 들어오는 악마들을 불철주야 지키다가 깜빡 졸았는데, 그 순간에 들이닥친 악마들이 인간세상을 벌써 혼란과 파멸상태로 몰아 인간도 모두 악마로 변해 가고 있었다. 분노한 보살은 악마를 처단하러 지상에 내려오기 전에 벌써 큰 칼부터 빼어들었다. 높이 치켜든 칼로 악마 냄새가 나는 것들은 모조리 내려치기 시작했다. 변명이나 자초지종을 들을 여유가 없었다. 급히 내려치다 보니 칼을 받는 자가 악마가 아닐 수도 있었다. 이처럼 '군다리보살'은 불의를 보면 참지 못하고 일을 당하면 피하지 않는 성미 급한 보살이다.

이렇게 자비와는 거리가 멀어 보이는 보살이 군다리보살이라는 것입니다. 다만 관세음보살과의 연관성을 찾자면, 그 본심과 목적은 악을 다스려 중생을 구제한다는 데 있습니다.

이제부터 대승불교가 홍기하며 등장하는 수많은 보살의

근원에 대해 말씀드리겠습니다.

기원전 5세기경에 지금의 네팔 남쪽에서 한 사람이 태어나 출가하여, 석가모니(Śākyamuni)라는 칭호를 얻은 실존의 인물이 불교의 창시자인 석가모니입니다. 우리와 같은 인간이 각자(覺者)가 된 것입니다.

그런데 부처님 열반 후 100여 년이 지나자, 이미 석가모니는 신격화(神格化)의 대상이 되어버립니다. 그 후 중생구제는 뒷전에 두고 계율에 대한 이견(異見)과 깨달음에 대한 소모적 논쟁이 300~400년간 지속됩니다. 이 시대의 불교를 우리는 부파불교, 경우에 따라서 소승불교라고 부르고 있습니다. 여기까지의 불교는 철저한 출가자 위주의 교단 안에만 머물고 있던 불교였습니다.

그러다 기원을 전후해서 재가 불자를 중심으로 한 진보적이고 신선한, 부처님의 가르침에 대한 강력한 회귀를 주장하는 불교가 태동되는데, 이것이 바로 대승불교입니다. 그런데 대승불교는 따지고 보면 부처님 열반 후, 아무리 빨라도 500년 후에 새로운 사상으로 시작된 불교입니다.

500년이란 시간은 결코 짧은 시간이 아닙니다. 임진왜란이 거의 500년 전인 1592년에 일어난 사실을 상기해 보십시오. 또한 500년 전 유럽은 인간 문명의 치욕의 역사인

중세암흑기입니다. 500년은 문화적 변화의 기간으로 본다
해도 이처럼 긴 시간입니다.

불교 역시 불멸(佛滅) 후 거의 500년이 지나 대승불교
사상이 흥기하지만, 그 500년 동안 불교는 상당부분 힌두
교의 영향을 받게 됩니다. 그 영향의 대표적인 현상이 바로
많은 보살이 만들어지는 것으로 나타나게 됩니다. 힌두교
의 여러 신들이 불교에서는 보살로서 현현하는 경우가 허
다해졌다는 것을 의미한다는 말이기도 합니다. 인도에서의
힌두교의 영향은 생각보다 크고, 다른 사상의 흡수도 매우
빨리 이루어버립니다. 심지어 석가모니 부처님을 힌두교에
서는 그들의 아홉 번째 신으로 편입해버렸습니다.

불교의 근간인 업과 윤회(저는 불교의 근간이 업과 윤회라는
관념에서 벗어나야 미래의 불교를 기약할 수 있다고 생각합니다.
불교는 누구나 깨달을 수 있다는 희망을 주는 종교임에도, 아직도
업과 윤회의 사슬을 강조하여 권선징악적 수준을 벗어나지 못하
니 심히 우려됩니다)도 실은 석가모니 이전 인도의 보편적 사
상인 힌두이즘 중 하나입니다.

이쯤에서 정리하자면, 군다리보살은 그 이름부터 힌두
교의 영향을 받아 불교에 편입된 대표적인 보살이라고 여
겨도 무방하다고 생각합니다.

왕초보 천수경박사 되다

나무 십일면보살 마하살 南無十一面菩薩摩訶薩

| 십일면보살님께 귀의합니다 |

십일면보살 十一面菩薩 ──●

십일면보살이야말로 관세음보살의 중생 구제를 위한 다양한 현신(現身)을 잘 나타내고 있습니다. 관세음보살은 중생의 어려운 상황이나 그 수준에 따라 맞춤 구제의 모습으로 나타난다고 합니다.《법화경》제25〈관세음보살보문품〉에서는 이를 32응신(應身)이라고 하며, 다음과 같이 상세히 묘사하고 있습니다.

부처님이 무진의 보살에게 말씀하셨다.

"선남자여, 어떤 국토의 중생으로 부처의 몸으로서 제도할 이에게는 관세음보살은 부처 몸을 나타내어 법을 설하고, 벽지불의 몸으로 제도할 이에게는 벽지불의 몸을 나타내어 법을 설하고, 성문의 몸으로 제도할 이에게는 성문의 몸을 나타내어 법을 설하느니라.

범천왕의 몸으로 제도할 이에게는 범천왕의 몸을 나타내어 법을 설하고, 제석천왕의 몸으로 제도할 이에게는 제석천왕의 몸을 나타내어 법을 설하고, 자재천의 몸으로 제도할 이에게는 자재천의 몸을 나타내어 법을 설하고, 대자재천의 몸으로 제도할 이에게는 대자재천의 몸을 나타내어 법을 설하고, 하늘 대장군의 몸으로 제도할 이에게는 하늘 대장군의 몸을 나타내어 법을 설하고, 비사문의 몸으로 제도할 이에게는 비사문의 몸을 나타내어 법을 설하느니라.

작은 왕의 몸으로 제도할 이에게는 작은 왕의 몸을 나타내어 법을 설하고, 장자의 몸으로 제도할 이에게는 장자의 몸을 나타내어 법을 설하고, 거사의 몸으로 제도할 이에게는 거사의 몸을 나타내어 법을 설하고, 재상의 몸으로 제도할 이에게는 재상의 몸을 나타내어 법을 설하고, 바라문의 몸으로 제도할 이에게는 바라문의 몸을 나타내어 법을 설하느니라.

비구·비구니·우바새·우바이의 몸으로 제도할 이에게는 비구·비구니·우바새·우바이의 몸을 나타내어 법을 설하느니라. 장자·거사·재상·바라문의 부인의 몸으로 제도할 이에게는 부인의 몸을 나타내어 법을 설하고, 동남·동녀의 몸으로 제도할 이에게는 동남·동녀의 몸을 나타내어 법을 설하느니라. 하늘·용·야차·건달바·아수라·가루라·긴나라·마후라가·사람·사람 아닌 이들의 몸으로 제도할 이에게는 다 그 몸을 나타내어 법을 설하고, 집금강신(執金剛神)으로 제도할 이에게는 집금강신을 나타내어 법을 설하느니라.

이 정도면 사실상 내 주변사람이나 내가 의지할 만한 존재들은 모두 관세음보살의 32가지 다른 모습에 해당된다고 해도 과언이 아닐 것입니다. 《천수경》에서 말하는 십일면 관세음보살은 〈관세음보살보문품〉에서 열거한 관세음보살의 32가지 중생 구제의 방편의 모습을 11가지 모습으로 대표해서 표현한 것이라고 생각하시면 됩니다.

앞에서는 보관(寶冠)의 중앙에 아미타불의 모습이 있으면 무조건 관세음보살이라고 말씀드렸습니다. 이 보관 대신 11가지의 얼굴 모습을 표현한 보살상이 있으면 역시 무조건 관세음보살입니다. 이 11가지 얼굴 모습은 《십일면관음신주심경(十一面觀音神呪心經)》에 명확히 규정되어 있습니다.

앞의 3면은 자상(慈相)인데 착한 중생을 보고 자심(慈心)을 일으켜 이를 찬양함을 나타낸 것이고, 왼쪽의 3면은 진상(瞋相)인데 악한 중생을 보고 비심(悲心)을 일으켜 그를 고통에서 구하려 함을 나타낸 것이다. 또 오른쪽의 3면은 흰 이를 드러내고 웃는 모습인 백아상출상(白牙上出相)으로, 정업(淨業)을 행하고 있는 자를 보고는 더욱 불도(佛道)에 정진하도록 권장함을 나타낸 것이다. 뒤의 1면은 폭대소상(暴大笑相)으로서, 착하고 악한 모든 부류의 중생들이 함께 뒤섞여 있는 모습을 보고 이들을 모두 포섭하려는 큰 도량을 보이는 것이다. 정상의 불면(佛面)은 대승 근기(大乘根機)를 가진 자들에게 불도의 구경(究竟)에 관하여 설함을 나타낸 것이다.

이것이 경전에서 설하고 있는 십일면의 모습입니다.

안타까운 것은 실제로 우리나라에 탱화건 부조(浮彫)건, 이 십일면관세음보살상이 아주 귀하다는 것입니다. 다행히 그 유명한 석굴암 주불(主佛) 후면 벽에 양각으로 조각된 십일면관세음보살상으로 그 모습을 확인할 수 있습니다.

저는 석굴암에서 이 십일면관세음보살상을 올려다보며 시간 가는 줄 모르고 환희삼매에 젖어 본, 운 좋은 사람 중 하나입니다. 요즘 사람들이 인도 성지순례만 하고 오면 '부처님의 숨결이 하염없이…', 고명한 스님들까지도 '자신의 출가를 되돌아볼 기회…' 운운하시는데, 그때의 제 감동을 떠올리면 석굴암에서도 충분히 그와 같은 감회를 느낄 수 있으므로 제 정서에는 잘 맞지 않습니다.

십일면관세음보살처럼, 또 관세음보살의 32응신처럼 내 눈에 띄는 것, 내 생각 자체가 관세음보살이고 부처님입니다. 그런데 지금 이 자리에서는 느끼지 못하고 먼 인도에 가서 새삼 느끼는 것은 좀 그렇다는 말입니다.

나무 제대보살 마하살 南無諸大菩薩摩訶薩

| 모든 보살님께 귀의합니다 |

제대보살 諸大菩薩 ―●

여기서 제대보살이란, 이런 이름의 보살이 있는 것은 아닙니다. 제(諸)라는 말은 '일체의' '모든'이라는 뜻이고, '대(大)'는 '크신' '성스러운'이라는 뜻입니다. 그러니 위에 열거한 보살마하살 말고도 존재하는 모든, 이름을 가진 큰 보살들을 '제대보살'이라고 총칭하여 귀의한다는 의미입니다. 실은 '마하살' 자체에 크고 위대하다는 '大'의 뜻이 함축되어 있으니, 그저 '나무제보살마하살'이라고 하더라도 격식에 어긋나는 것은 아닙니다.

어쨌든《천수경》은 이 부분까지 관세음보살과 일체의 보살께 신명(身命)을 다해 의지할 것을 다짐합니다. 그리고 마지막으로 아미타불께 귀의하게 됩니다.

나무 본사 아미타불 南無本師阿彌陀佛

| 보살의 근본이신 아미타불께 귀의합니다 |

본사 아미타불 本師阿彌陀佛 ──●

우선 아미타불 앞에 왜 근본적 스승이라는 뜻의 본사(本師)를 붙였는지에 대해 설명 드리겠습니다. 관세음보살과 대세지보살은 아미타불의 협시(脇侍) 보살이라고 앞서 말씀드렸습니다. 그러므로 아미타불이 주불(主佛)이 되니, 관세음보살과 대세지보살의 '스승'격이 아미타불이라고 해석해도 문맥상 틀리지 않습니다.

여기서 저는 서두에 말씀드린 아미타불에 대한 해석과는 조금 다른 관점으로 접근해 보려 합니다.

'아미타불' 하면 여러분들은 극락정토에 계신 부처님을 가장 먼저 떠올리실 것입니다. 행여 임종(臨終) 시나 천도재 등 죽은 이들의 왕생극락만을 위해 존재하는 부처님으로 알고 계신다면 잘못 알고 있는 것입니다.

아미타불에 관한 본격적인 경전으로는《무량수경》《관무량수경》《아미타경》등의 정토삼부경이 있습니다. 이 세 가지 경에서 정토(淨土)불교가 다듬어지고, 아미타염불과

226

관법(灌法) 수행의 체계가 이루어집니다. 아미타불은 대승
불교의 많은 부처 중 가장 중요한 위치에 있습니다.

'아미타(阿彌陀)'라는 이름은 무량수(無量壽)·무량광
(無量光)을 의미하는데, 무량수는 산스끄리뜨어 아미타유
스(amitāyus), 무량광은 아미타브하(amitābhas)를 각각
어원으로, 한자음에 가깝게 음사(音寫)한 것입니다.

여기서 무량수는 무량한 수명, 즉 한없이 영원한 생명력
을 말하는 것이고, 무량광은 빛과 같이 우주 법계 어느 곳
이든 걸림 없이 다 가득 차 있는 무량한 공간력을 말하는
것입니다. 그러니 시간과 공간적으로 제한할 수도, 가름할
수도 없는 존재가치의 부처님이 아미타불의 본래 의미가
되는 것입니다.

경전에는 법장(法藏)이라는 수행자가 중생을 위한 48가
지 원을 세워 10겁(劫)의 수행을 성취하여 얻어진 세계로,
우리가 속해 있는 사바세계에서 서쪽으로 10만억불토(十萬
億佛土) 떨어진 극락정토에서 설법을 하고 계신다고 설하
고 있습니다.

저는 이 아미타불을 극락세계에 계신 부처님이라는 개
념보다 법신불(法身佛)의 관점으로 이해해야 한다고 생각
합니다. 즉 비로자나불과 같은 의미로 아미타불을 이해해

야 한다는 뜻입니다. 그렇다면 한국불교의 정토사상도 재정립해야 하지 않겠는가 하는 생각도 듭니다.

제 주장의 원천은 '무량수' '무량광'이라는 아미타불의 이름이 함축하고 있는 근원에서 출발한 것인데, 여기는 《천수경》을 해설하는 자리지 정토사상을 논하는 자리가 아니기에 이 정도에서 그칠 수밖에 없습니다.

2장

신비롭고 성스러운
위대한 주문

신묘장구 대다라니 神妙章句大陀羅尼

| 신통스럽고 묘한 능력이 있는 신비스러운 말씀 |

나모 라다나 다라야야

(삼보께 귀의합니다)

나막 알약 바로기제새바라야 모지 사다바야 마하 사다
바야 마하 가로니가야

(성스러운 관자재보살마하살 대비존께 귀의합니다)

옴 살바 바예수 다라나 가라야 다사명

(모든 어려움에서 지켜주시고 구제해주시는 자비로운 관세음
보살님께 귀의합니다)

나막 까리다바

(의지하고 찬탄하옵니다)

이맘 알야 바로기제새바라 다바

(내 이제 마음을 되새기어 성스러운 관자재보살님을 찬탄하

옵니다)

니라간타 나막 하리나야 마발다 이사미

(青頸尊이신 관세음보살님의 참마음의 찬가를 암송합니다)

살발타 사다남 수반 아예염 살바 보다남 바바말아 미수
다감

(모든 이익을 성취하시는 훌륭하시며 누구도 이길 수 없고 중
생의 삶을 청정케 하시는 관세음보살님이시여)

다냐타 옴 아로게 아로가 마지로가 지가란제

(일체의 始原이신 光名尊이시여, 광명의 지혜존이시여, 세간
을 초월하신 존귀한 분이시여)

혜혜 하례 마하모지 사다바

(아! 피안의 세계로 우리를 인도하실 관세음보살님이시여)

사마라 사마라 하리나야

(마음의 진언을 기억하옵소서, 기억하옵소서)

왕초보 천수경박사 되다

구로 구로 갈마

(마땅히 해야 할 바를 실행하소서, 실행하소서)

사다야 사다야 도로 도로 미연제 마하 미연제

(성취케 하소서, 성취케 하소서! 허공에 노니는 분이시여, 위대한 승리자이시여)

다라 다라 다린 나례 새바라

(도와주소서, 도와주소서! 번개를 지니신 절대자이시여)

자라 자라 마라 미마라 아마라 몰제 예혜혜

(움직이소서, 움직이소서! 청정한 분이시여, 티 없이 깨끗한 분이시여, 바라오니 오시옵소서)

로계 새바라 라아 미사 미나사야 나베사 미사 미나사야 모하 자라 미사 미나사야

(세간의 주인이신 관음존이시여, 탐욕의 독을 소멸케 하소서, 성냄의 독을 소멸케 하소서, 어리석음의 독을 소멸케 하소서)

호로 호로 마라 호로 하례 바나마 나바

(가져가소서, 가져가소서, 더러움을 가져가소서. 연꽃의 마음
을 간직한 관세음보살님이시여)

사라사라 시리시리 소로소로

(감로법의 물을 흐르게 하소서, 감로법의 지혜 광명을 흐르게
하소서, 감로법의 덕을 흐르게 하소서)

못쟈못쟈

(깨달음으로, 깨달음으로)

모다야 모다야

(깨닫게 하소서, 깨닫게 하소서)

매다리야 니라간타 가마사 날사남 바라하라나야 마낙
사바하

(자비심이 깊으신 靑頸 관세음보살님이시여, 욕망을 떨쳐버
린 관세음보살님의 마음을 위하여)

왕초보 천수경박사 되다

싯다야 사바하

(성취하신 분인 관세음보살님을 위하여)

마하싯다야 사바하

(위대한 성취존인 관세음보살님을 위하여)

싯다유예 새바라야 사바하

(요가를 성취하신 자재존인 관세음보살님을 위하여)

니라간타야 사바하

(청경관음인 관세음보살님을 위하여)

바라하 목카 싱하 목카야 사바하

(산돼지 얼굴, 사자 모습의 얼굴을 한 관세음보살님을 위하여)

바나마 하따야 사바하

(연꽃을 손에 쥐고 계신 관세음보살님을 위하여)

자가라 욕다야 사바하

(큰 바퀴를 지니신 관세음보살님을 위하여)

상카 섭나 녜모다나야 사바하

(법, 소라, 나팔 소리로 깨어난 관세음보살님을 위하여)

마하 라구타 다라야 사바하

(위대한 금강저를 가진 관세음보살님을 위하여)

바마 사간타 이사 시체다 가릿나 이나야 사바하

(왼쪽 어깨쪽을 굳게 지키는 흑색의 승리자이신 관세음보살님을 위하여)

먀가라 잘마 이바사나야 사바하

(호랑이 가죽 위에 머물러 있는 관세음보살님을 위하여)

나모 라다나 다라야야 나막 알야 바로기제새바라야 사바하

(삼보께 귀의하여 공경합니다. 성스러운 관세음보살님께 귀의합니다)

신묘장구 대다라니 神妙章句大陀羅尼 ──●

신묘장구 대다라니를 신통스럽고 묘한 능력이 있는 신

왕초보 천수경박사 되다

비스러운 말씀이라고 우리말로 풀이해 놓긴 했지만, 제 스스로는 그리 만족스럽지 못하게 느껴집니다. 그렇다고 딱히 다른 해설도 떠오르지 않습니다.

신묘장구 대다라니의 우리말 해석을 보셔서 아시겠지만, 《천수경》은 바로 이 신묘장구 대다라니를 위한 경이라고 해도 과언이 아닙니다. 신묘장구 대다라니 그 자체가 관세음보살님과 삼보를 찬탄하며 공경하고, 귀의하여 의지한다는 내용으로 구성된 하나의 경입니다. 이 신묘장구 대다라니의 앞과 뒤의 내용들은 어찌 보면 중생으로 부처님과 관세음보살님의 가르침을 잘 따르고 잘 실천하겠다는 다짐과 참회, 그리고 발원문 식으로 구성되어 있습니다.

그러니 여러분들은 처음부터 이 신묘장구 대다라니까지만 독송해도 되고, 신묘장구 대다라니만 반복해도 그 자체로 훌륭한 수행이 되는 것입니다.

그런데 이 신묘장구 대다라니 등 진언(眞言)이 본격적으로 우리말로 번역되기 시작한 지가 그리 오래되지 않았습니다. 제 기억으로는 아무리 오래되었다 해도 10년 전후밖에 안 된 것 같습니다. 심지어 제가 출가했을 때는 다라니나 진언의 뜻을 새기는 것 자체를 금기시하였습니다. 속된 말로 '천기누설'이라는 것이지요.

그러나 다행히 인도에 유학하며 부처님 당시의 언어인 산스끄리뜨어(주로 대승 경전에 씌어짐)와 빨리어(주로 소승 불교의 경전에 씌어짐)를 공부하여, 경전을 한역(漢譯)에 의지하지 않고 직역하는 분들의 노력 덕분에 이제는 다라니와 진언도 우리말로 번역하는 것이 추세가 되었습니다.

이 신묘장구 대다라니는 인도에서 유학한 분들의 직역을 보니, 지금까지 독송용《천수경》에서 표현한 것들은 띄어쓰기조차 잘못된 것임이 밝혀졌습니다. '아버지 가방에 들어가셨다'로 읽은 것이지요.

마침 제 주변에 이 문제에 대해 큰 관심을 가진 각행(覺行) 거사께서 띄어쓰기라도 제대로 했으면 좋겠다고 정리해주신 것에, 몇 개의 한글 본을 참고하여 제가 우리말로 해석해 본 것입니다. 다른 분들이 어렵게 신묘장구 대다라니를 연구해 놓으신 것에 비하면, 저는 그나마 쉽게 정리할 수 있었습니다.

이제부터라도 여러분은 이왕이면 앞의 신묘장구 대다라니를 참고하여 독송하는 것이 좋을 듯합니다.

산스끄리뜨어나 빨리어 등 부처님 당시의 언어에 대한 말이 나왔기에, 고대 언어와 연관된 그냥 지나치기 아까운 이야기를 하겠습니다.

왕초보 천수경박사 되다

기원전 5세기에서 기원 전후 시기까지 당시 인도에는 상당히 많은 언어들이 유통되고 있었습니다. 불교의 세계화에 결정적 역할을 한 아소카 왕은 인도를 통일한 후, 인도의 북부 지방까지 영토를 넓혀 지금의 파키스탄이나 아프간의 훨씬 북쪽까지 점령하였습니다. 불교에서는 전륜성왕이라고까지 칭송받는 아소카 왕은 자신의 통치 영역을 표시하고, 통치 원칙을 공고하는 목적으로 많은 석주(石柱)와 비문을 남겼습니다.

　그런데 인도 북쪽에서 발견되는 석주 중에는 아람어(Aramaic language)로 새겨진 것도 있습니다. 흥미로운 사실은 이 아람어가 예수시대 예루살렘에서도 사용한 언어라는 것입니다.

　이같이 같은 언어권에 있었다는 사실은 몇 백 년의 간격이 있기는 하지만, 예수가 석가모니라는 인물과 사상에 대해 알았을 가능성이 충분하다는 방증(傍證)인 것입니다. 더욱이 아프간과 가까운 티베트불교에서는 이사(Issa)라는 법명의 뛰어난 수행자가 있었다는 기록이 있는데, 신기하게도 이슬람권에서는 통상적으로 예수를 '이사'라고 부르기도 합니다.

　아시다시피 신약성서에는 없는 예수의 13~29세까지의

행적과, 예수가 인도에 유학하였다는 설은 끊임없이 제기되고 있습니다. 게다가 교회에서는 납득할 만한 설명을 내놓지 못하고 있으니 그 궁금증이 증폭되기도 합니다.

그런데 교회에서 복음서로 정식으로 채택은 안 하지만 예수의 말씀을 기록한 문서들이 있습니다. 이런 복음서를 외경이라고 하는데, 1947년 2월 사해 서안(西岸) 쿰란지역 11개의 동굴들에서 구약성서 사본 및 유대교 관련 문서(흔히 사해문서라고 부름)들이 발견된 이후, 외경들에 대한 연구가 활발해지고 있습니다. 사해문서(死海文書 : Dead Sea Scrolls)는 무려 2,000여 년전 작성된 성경의 사본과 주석서들로 기독교는 물론 인류 역사의 귀중한 문헌입니다.

사해사본 이외의 외경들 중에는 4대 복음서의 내용을 뒷받침해 주는 내용도 있지만, 이미 고착화된 현재의 기독교로는 받아들이기 곤란한 문서도 상당히 많습니다.

외경은 아니지만 먼 훗날 외경 이상의 가치를 인정받을지도 모르는 보병궁복음서〔成約成書 : The Aquarian Gospel of Jesus the Christ〕라는 책이 있습니다.

이 보병궁복음서는 예수의 젊은 시절의 구도를 구체적으로 묘사하고 있습니다.

왕초보 천수경박사 되다

〔보병궁복음서 36장 1~4절 중〕

 티베트의 랏사에는 구도자를 위한 사원이 있었고, 수많은 고전의 필사본이 소장되어 있었다. 예수는 그들이 포함하고 있는 많은 비밀의 교훈을 직접 읽기 원하였다.

 한편 멀리 동부 지방의 최고 가는 성자 멘구스테가 이 사원에 있었다.

 에모두스 고원을 횡단하는 길은 험난했지만 예수는 길을 떠났으며, 비댜빠지는 믿음직한 안내자 한 사람을 딸려 보내며, 멘구스테에게 그 유대 성자를 잘 맞이해 달라는 서신을 보냈다. 며칠 후, 그 안내자와 예수는 사원에 도착하였고, 멘구스테와 모든 사원의 승려들과 선생들은 히브리의 성자를 맞이하였다.

 예수는 멘구스테의 도움을 받아 성스런 고대의 필사본들을 모조리 탐독하였다.

 멘구스테는 예수와 더불어 장차 올 시대에 대해 종종 말하였으며, 그 시대의 사람들에게 가장 알맞은 신성한 예식에 대해서도 이야기를 나누었다. 랏사에서 예수는 가르치지 않았고 사원의 학교에서의 공부를 모두 끝마쳤을 때, 서쪽으로 길을 떠났고 많은 마을에서 잠시 머물러 가르침을 주었다. 라다크 도시에 있는 레흐라는 마을에 도착하여 수도승, 상인 및 천민들로부터 환영을 받고 수도원에 머물며 가르치고 시장터에서 대중들을 찾아 가르쳤다.

멀지 않은 곳에 어린 자식이 죽을병에 걸린 한 여인이 살고 있었다.

그 여인은 예수가 하느님께서 보내신 스승이란 말을 듣고 아이를 끌어안고 예수에게 왔다.

예수는 그 여인을 보고 하늘로 눈을 돌려 말하였다.

"나의 아버지 하느님, 저에게 거룩하신 하느님의 권능을 주시어 이 어린아이에게 성령의 기운을 쏟아 넣어 살아날 수 있도록 도와주소서."

그는 대중의 면전에서 손을 어린아이 위에 얹고 말하였다.

"착한 부인이여, 그대는 축복을 받았습니다. 당신의 믿음이 당신의 아들을 고쳤습니다."

그렇게 하자 그 아이는 나았다.

사람들은 깜짝 놀라서 말했다.

"이 사람은 확실히 하느님이 보내신 분이 틀림없다. 왜냐하면 인간의 힘만으로는 그와 같이 열병을 꾸짖고 어린아이를 죽음으로부터 구할 수 없을 테니까."

많은 사람들이 환자를 데리고 왔고 예수는 말씀으로 그들을 고쳤다.

예수는 라다크인들 사이에서 며칠 동안 머무르며 병을 치료하는 방법과 죄를 씻어내는 방법과 지상을 천국으로 만드는 방법을 가르쳤다.

…(중략)…

카슈미르 골짜기에서 예수는 라호르라는 도시로 가는 도중인 한 떼의 대상을 만났다. 상인들은 예수를 알았고 레흐에서 그의 권능을 보았기에 무척 반갑게 여겼다.

예수는 라호르에 가서 신드강을 건너 페르시아를 통해서 더 멀리 서쪽으로 가려 하였고 그들은 그에게 낙타를 한 마리 주었다.

예수는 그들과 동행하다 라호르에 도착하자 이미 와 있던 아자이닌과 몇몇 승려들이 환대하였다. 예수는 아자이닌의 손님이 되어 많은 것을 가르치고 병 치료술의 비의(秘醫)도 전해주었다. 그는 공기·불·물·땅의 영을 지배하는 방법을 가르쳤고, 죄 사함의 비의와 죄를 씻어 없애는 방법에 대해 설명하였다.

독일의 신학자 홀거 케르스텐(Holger Kersten)은 《예수는 십자가에서 죽지 않았다》(엘마 그루버 등 공저, 홍은진 옮김, 아침이슬 간행), 《인도에서의 예수의 생애》(홀거 케르스텐 지음, 장성규 옮김, 고려원 간행) 등에서, 앞의 이야기보다 더 놀라운 결론을 유도합니다.

이렇듯 기독교의 교리와 예수에 관한 많은 이론(異論)들이 있습니다.

그중 진언과 관련된 '대담한' 주장이 있어 소개합니다.

인도 및 티베트 등지에서 예수에게 심령치료의 비법을 전수해준 밀교계 고승인 우도라카와 멘구스테 등 스승들은, 예수에게 의술과 비술을 이타적으로 쓰되 남용하지 말라고 주의를 주었다고 합니다. 그러나 귀국 후 예수는 유일신교인 유대교파들에게 모든 인간의 절대 신성을 부르짖었으며 여러 가지 초월적 이적을 행하고, 군중을 모아 신의 사랑과 평등사상을 전파하였습니다. 결국 유대교 성직자들의 질시와 저주를 받아 십자가에 매달린 채 처형됩니다.

십자가에 매달린 예수는 제자 요한에게 마리아를 부탁한 뒤, "엘리엘리 라마 사박다니(Eli Eli Lama Sabachthani : '하느님 왜 저를 버리셨나이까'라는 뜻. 흥미롭게도 일본의 '아오야마 신지'라는 감독이 이 진언을 제목으로 2005년에 영화를 제작했음)"라고 외친 후 기절하였다고 합니다. 예수가 외친 이 최후의 말은 티베트 라마불교의 진언(眞言)인 '엘리엘리 라마 삼막 삼보리(Eli Eli Lama Sammach San Bori)'라는 다라니로 지금도 전해져 오고 있다고 합니다. 이 주장의

왕초보 천수경박사 되다

사실여부를 저로서는 판단할 도리가 없지만, 케르스텐이라는 신학자는 이 방면의 연구에 평생을 바친 결과를 몇 권의 책으로 정리해 내고 있습니다.

국내에도 《예수는 없다》(저자 오강남, 현암사 간행) 등 기독교에 대한 심각한 비판서가 제법 있지만, 케르스텐의 저서처럼 기독교를 완전히 재구성해야 할 정도의 수준에는 못 미친다고 생각합니다.

그리고 종교는 한 번 그 사상이 굳어지면 후에 사실이 아님이 밝혀져도 때로는 신앙에 대한 도전으로 매도되어 바로잡기가 거의 불가능하기에, 종교 비판서는 더더욱 나름대로 의미가 있다고 생각합니다. 또한 충분한 연구에 의한 자신감이 없으면 접근할 수 없는 것이 종교 비판이므로, 불교에 대한 비판서도 많이 출간되는 것이 좋다고 생각합니다.

3장

찬탄과 발원 그리고 귀의

사방찬 四方讚

| 사방을 찬탄합니다 |

사방찬 四方讚 — ●

신묘장구 대다라니 후에 바로 사방을 정화하고 찬탄하는 의식인 사방찬이 등장합니다.

《천수경》 시작부에 '오방내외 안위제신진언', 즉 동서남북·중앙·위아래 등 모든 곳에 계신 신들을 안위하는 진언이 있었습니다. 사방찬도 그 의미에서 유사한 면이 있으니, 그 위치가 오방내외 안위제신진언 전이나 후에 있는 편이 훨씬 자연스러울 것 같다는 생각도 듭니다. 어쨌든 사방을 찬탄하는 방법이 물을 뿌리는 정화의식인 세례(洗禮)입니다.

'세례' 하면 우선 기독교를 연상하실 텐데, 물에 의한 속죄나 축복의 의식은 불에 의한 의식과 더불어 그 역사가 상당히 깊습니다.

기원전 6세기경 자라투스트라(Zarathustra)라는 인물에 의해 페르시아와 이란을 중심으로 발생한 조로아스터교는 아후라 마즈다를 신봉하기에 마즈다예배교(Mazdayasna)

라 하는데, 불을 숭배한다고 하여 배화교(拜火敎)라고 불리기도 합니다(이미 기원전 1200년 무렵부터 동북 이란에 정착하게 된 인도이란어족 사이에서 퍼졌다는 설도 있음). 니체의《자라투스트라는 이렇게 말했다(Also sprach Zarathustra)》라는 단행본은 니체의 철학과 사상을 대변하는 대표작으로 꼽히고, 리하르트 시트라우스의〈자라투스트라는 이렇게 말했다〉라는 제목의 교향곡도 있을 정도로, 유럽과 중동부 지역에서 조로아스터교의 영향력은 지대합니다.

그런데 예수의 인도에서의 수행 논란과는 다르게, 기독교의 발생과 그 교리의 형성에 상당한 영향을 준 종교가 바로 불을 섬기는 이 조로아스터교라는 데에는 종교학자들의 견해가 일치합니다.

밀교(密敎) 또한 불과 뗄 수 없는 관계인데, 불로써 수행의 장애인 마(魔)를 소멸시키는 호마법(護摩法)은 밀교의 전매특허입니다. 불을 통한 정화와 축복과 함께 물에 의한 의식인 세례가, 불교에서는 관정(灌頂)이라는 의식으로 경전에 자주 등장합니다. 예를 들면 부처님이 '너는 장차 이런 이름의 부처를 이룰 것이다'라는 수기(授記)를 하시며 머리의 앞부분에 물을 붓는 의식을 관정(灌頂)이라고 합니다.

한국불교에서는 일상적인 의례로 관정의식은 행하지를

왕초보 천수경박사 되다

않고, 다만 초파일 행사의 하나로 아기부처님 상의 머리 위에 향을 섞은 청정한 물을 붓는 의식이 행해지고 있습니다. 이를 관불식(灌佛式) 혹은 욕불식(浴佛式)이라고 합니다.

인도에서는 지금도 갠지스 강에 몸을 담그는 행위를 세례 의식으로 중하게 여깁니다. 한국의 절에서도 남방불교의 스님이나, 티베트의 스님을 초빙하여 법회 때 신도의 이마에 물을 뿌리는 축복의식을 관정식이라 하여 행하기도 합니다. 그런데 그런 의식이 우리나라 신도들에게 특별히 필요한지에 대해서는 의문입니다.

일쇄동방결도량 —一灑東方潔道場

| 첫 번째 물을 뿌려 동방세계의 도량이 맑아지며 |

결도량 潔道場 — ●

첫 번째 동쪽에 청정수를 뿌려 수행처를 청정하게 한다는 뜻입니다. 동방세계는 아촉여래가 묘희정토를 이루고 있다고 합니다.

이쇄남방득청량 二灑南方得淸凉

| 두 번째 물을 뿌려 남방세계 청량을 얻고 |

득청량 得淸凉 ─●

두 번째 남쪽에 청정수를 뿌려 그 세계를 청량하게 한다는 뜻입니다. 남방세계는 보생여래가 환희정토를 이루고 있다고 합니다.

삼쇄서방구정토 三灑西方俱淨土

| 세 번째 물을 뿌려 서방세계가 정토 이루고 |

구정토 俱淨土 ─●

세 번째 서쪽에 청정수를 뿌려 그 세계를 청정하게 한다는 뜻입니다. 서방세계에는 아미타여래가 극락정토를 이루고 있다고 합니다.

왕초보 천수경박사 되다

사쇄북방영안강 四灑北方永安康

| 네 번째 물을 뿌려 북방세계가 영원히 편안해지이다 |

영안강 永安康 — ●

네 번째 북쪽에 청정수를 뿌려 그 세계가 평안해지라는
뜻입니다. 북방세계는 미묘생여래가 연화장엄정토를 이루
고 있다고 합니다.

이렇듯 사방을 모두 찬탄했는데, 그 순서가 우리의 입에
붙은 동 · 서 · 남 · 북이 아니라 동 · 남 · 서 · 북 순으로 되
어 있습니다. 그 이유는 오행(五行) 사상의 영향인 듯합니
다. 오행의 상생 순서가, 木(동)-火(남)-土(중)-金(서)-水
(북)인데, 여기서 가운데인 중방을 뺀 순서와 같습니다.

도량찬 道場讚

| 도량을 찬탄합니다 |

도량 道場 — ●

아래 '도량청정무하예'에서 설명합니다.

도량청정무하예 道場淸淨無瑕穢

| 도량이 청정하여 더러움이 하나도 없고 |

도량청정 道場淸淨 ─ ●

도량은 수행을 하는 성스러운 장소를 말하는데, 이런 의미로 쓰일 때는 '도장'이 아니라 '도량'으로 발음합니다. 절이라는 공간이 대표적인 도량이라고 말할 수 있습니다.

도량은 통상적으로 '공간'을 뜻하는 단어인데, 《천수경》의 앞뒤 맥락을 보면 '도량찬'의 도량은, 내 자신의 (《천수경》을 독송하는 모든 사람의) 불법을 찬탄하고 발원하는 마음이 일어나는 마음의 밭이라고 해도 무방할 것 같습니다.

실제로 어디 법당만이 수행 공간이라고 말할 수 있겠습니까? 내가 있는 곳이 어디건, 주변 환경이 어떻건, 내 마음의 본래 성품인 불성(佛性)을 회복하는 것이 불법의 근본입니다. 그러니 절에 가면 조금 정신이 나고, 집에 오면 바로 망상과 집착에 사로잡혀 부처님 생각이 나지 않는다면 이거야말로 불교를 잘못 받아들이고 있는 것입니다. 만에 하나 기도는 반드시 법당에서 해야 한다고 말씀하시는 스님이 계신다면 "어디까지가 법당입니까?" 하고 물어 보십

왕초보 천수경박사 되다

시오.

'도량청정무하예'라는 구절은 '도량이 청정하여 더러움이 하나도 없고'라는 뜻입니다.

삼보천룡강차지 三寶天龍降此地
| 삼보와 천룡이 강림하시고 |

삼보천룡 三寶天龍 ─●

불·법·승 삼보는 다음에 또 나오니 그때 설명 드리겠습니다.

천룡(天龍)은 하늘에 있는 불법을 옹호하는 신으로서의 용을 말합니다. 그런데 〈전설의 고향〉이나 영화의 주제가 연상되는 용이 불법을 옹호하는 신의 역할을 인정받은 것이 흥미롭습니다. 동양에서 용의 이미지와 달리 기독교를 중심으로 한 서양의 용은 천사 미카엘이 퇴치해야 할 대상이며 악의 상징으로, 사탄과 거의 동일시되고 있습니다.

동양의 용은 본래 바다에 사는 것이 원칙이고, 용이 하늘로 승천(昇天)하면, 그 용은 이미 동물로서의 용이 아니라 악에 맞서 인간을 지키는 선신(善神)으로 승격이 됩니다.

바다의 용이 하늘로 오를 때 모습을 '용오름'이라고 하는데, 사실은 바다에서 일어나는 '토네이도'라고 하는 것이 맞겠지요. 때를 놓치거나 능력 부족으로 용오름에 실패한 용이 이무기라고 불리는 것은 다 아실 것입니다.

어쨌건 《천수경》의 용은 승천에 성공한 능력 있는 천룡이, 자진해서 불법을 받드는 도량을 옹호하기 위해 땅으로 내려왔다는 말씀입니다.

또 한 가지, 용은 거의 모든 경전의 말미에 불법을 옹호하고, 불법에 귀의하는 존재로 등장합니다. 용이 등장하는 《법화경》의 마지막 부분을 보겠습니다.

부처님이 이 경을 설하실 때, 보현 등 여러 보살과, 사리불 등 여러 성문과, 하늘과 용과 사람과 사람 아닌 이 등 모든 대중이 모두 크게 환희하여 부처님 말씀을 받아 지니고 예배하고 물러갔다.

곧 '삼보천룡강차지'라는 말은 삼보와 천룡이 강림하시어, 이 자리를 보호해 달라는 말입니다.

왕초보 천수경박사 되다

아금지송묘진언 我今持誦妙眞言

| 내 이제 미묘한 진언을 읽으니 |

묘진언 妙眞言 ─ ●

진언을 밀교의 수행법이라고 서두에 말씀드렸습니다.

고려대장경에 수록된 경들을 보면 진언이 생각보다 상당히 많습니다. 더욱이 '이런 진언이 과연 미묘하고 신통해서 깨달음에 이르게 해줄 수 있는가?' 하는 의구심이 들기도 합니다. 밀교 수행을 하는 분들은 의심 자체를 반박하시겠지만, 한편으론 독충(毒蟲)에 물렸을 때 이런 진언을 외우면 된다는 경전의 말을 그대로 믿으라는 것과 같습니다.

그렇다고 제가 진언 수행법 자체를 부정하는 것은 결코 아닙니다. 그러나 진언이 수행의 만사를 해결해준다는 생각이야말로 큰일 날 '불법'이라는 것이 제 생각입니다.

《석문예범(예불, 불공, 시식 등 불교의 의식을 정리한 교범)》에 보면 불공이나 제사 등 모든 의식에 빠지지 않는 진언이 있는데, 바로 보궐(補闕)진언입니다.

행여 독경과 염불 등 예식에서 본인도 모르게 빠뜨린 부분을 이 진언이 다 보충해준다는 것입니다. 그래서 말 그대로 '보궐진언'입니다. 진언 만능주의로 극단적인 예를 들면, 《천수경》을 독송하면서 '정구업진언' 다음에 바로 '신묘장구 대다라니'를 하고 이어서 보궐진언 '옴 호로호로 사야모께 사바하'를 세 번 하면 된다는 것입니다.

진언에 대해 더 심각한 문제가 있습니다.

아시다시피 성철스님은 삼천배를 해야 친견할 수 있었습니다. 이것은 법문을 듣기 위해 속된 마음을 미리 '청소하라'라는 뜻이라고 할 수 있습니다. 실제로 삼천배를 하고 나면 어떤 스님이 어떤 가르침을 내려도 마음에 팍팍 꽂힐 것입니다. '내가 얼마나 고생해서 들은 말씀인데'라는 생각으로 잊지 말자고 스스로 다짐하는 것이 중생들의 속성이기 때문입니다. 한편, 성철스님은 선(禪) 수행에 앞서 반드시 《능엄경》에 있는 '능엄신주' 주력을 수행 과정의 필수라고 하셨습니다.

화두로써 번뇌를 다스림은 물론 화두의 타파가 곧 깨달음이라는 간화선만, 더욱이 돈오돈수만을 바른 법이라고 단언한 성철스님의 수행관과, 진언 수행인 능엄신주를 필수 과정이라고 하신 수행관을 동시에 받아들이기에는 참으로 난감한 점이 있습니다.

근래에는 성철스님의 후학들이 '아비라기도'라는 이름

왕초보 천수경박사 되다

으로 삼천배와 법신진언, 능엄신주 주력(呪力)을 한데 묶어 성철스님이 정립하신 최고의 수행법이라고 권하고 있습니다. 이것은 성철스님의 가르침을 오버 해석하여, 오히려 성철스님께 큰 누를 끼치는 일이라고 생각합니다.

저도 궁금하여 살펴보니 '아비라기도'의 아비라는 말은 법신진언인 '나무 사만다 붓다남 아 비 라 훔 캄 스바하 (모든 부처님께 귀의 합니다. 아 비 라 훔 캄 성취케 하소서)'에서 따와 부르는 것입니다.

이런 개념과는 달리《천수경》의 '아금지송묘진언'은 신묘장구 대다라니라는 '묘진언'을 읽었다는 뜻입니다.

원사자비밀가호 願賜慈悲密加護

| 원컨대 은밀한 가호와 자비를 베푸시고 |

가호 加護 ─ ●

가호라는 말은 전형적인 종교언어입니다. 기독교인들의 연설 말미에 등장하는 'God bless you'도 '신의 가호가 있기를…'이라고 번역하는 것이 자연스럽습니다. 불교에서는 실은 '가호'라는 말보다 '가피'라는 말이 더 일상적으로 쓰여집니다. 불공 축원을 할 때도 '불·보살의 가피가 있길…'이라고 합니다.

한국의 종교적 용어는 거의 불교에서 비롯되었다고 해도 과언이 아닙니다. 예배, 장로, 가호 등 생각보다 많습니다. 그렇다고 불교가 우쭐해한다면 그건 유치한 생각입니다. 무려 1,600여 년의 역사를 가진 불교에서, 다른 종교들이 몇 가지 용어를 차용하거나 응용하여 쓸 수밖에 없는 현실은 어쩔 수 없는 것이기 때문입니다.

'원컨대 은밀한 가호와 자비를 베푸시고'라는 이 대목을 '신묘장구 대다라니를 이미 독송했으니, 이제 내게 가피를 주십시오'라는 뜻으로 이해해도 좋을 것 같습니다.

참회게 懺悔偈

| 참회하는 게송 |

참회 懺悔 ─●

참회는 모든 종교에서 가장 중요한 의식이긴 합니다만, 불교의 경우는 참회 자체가 수행의 중요한 부분이기도 합니다.

부처님 당시에도 이미 포살(布薩)과 자자(自恣)라는 참

왕초보 천수경박사 되다

회의식이 행해졌다는 경전상의 기록들이 있습니다. '포살(布薩)'이란 비구들이 보름에 한 번씩 부처님이나 대비구(大比丘)를 모시고 계본(戒本)을 읽는 의식으로, 이때 계(戒)를 범한 비구들은 대중에게 죄를 고백하고 참회를 얻습니다. 물론 계율(戒律) 자체가 부처님을 따르는 승단이 형성된 후 제법 시간이 지난 뒤에 점차 제정된 것이니, 이 포살의식도 부처님 재세 후반에 행해졌을 가능성이 많습니다. 그러나 분명한 것은 승단의 최고의 위치에 있는 석가모니 부처님이 자신의 허물이 있다고 여겨지면 제일 먼저 대중에게 그 허물을 고했다고 《아함경》에 전해지고 있습니다.

'자자(自恣)'는 매년 여름 안거(安居) 마지막 날(지금으로 치면 7월 보름인 백중, 즉 우란분일)에 비구들이 격의 없이 서로를 비판하며 탁마하여 각자 참회하고 스스로를 돌아보며 정진을 다짐하는 참회의식입니다.

백중날을 죽은 이의 49재 지내듯 천도재의 마지막 날로 연결 짓는 새로운 비법(非法)으로 신도들 주머니 사정을 어렵게 만들지 말고, 이런 귀중한 의식을 되살리는 것이 한국 불교가 우선해야 할 일입니다.

부처님 당시에도 참회는 수행의 기본이라 말씀드렸는데, 이는 지금 생각해 봐도 너무나 당연한 일입니다. 자신의 잘못을 뉘우치지 않거나, 자신의 잘못을 모르는 사람이 어찌 종교적 성취를 이룰 수 있겠습니까? 그래서 불교는 후대에 많은 참회법이 등장하게 됩니다. 많은 참회법 중 백미는 역시 《자비도량참법(慈悲道場懺法)》입니다.

《자비도량참법》은 양(梁) 무제(武帝)가 죽은 황후(皇后)를 위해 닦은 참회법으로 알려져 있습니다. 마치 인도의 왕 샤자한(Shāh Jahān : 1592~1666)이 36세로 세상을 떠난 왕비 뭄타즈 마할을 위해 '타지마할'을 건립한 것과 같은 애틋하고 간절한 사랑이 만든 결과입니다. 인도의 샤자한이 왕실의 묘지 건축물을 남겼다면, 양 무제는 '자비도량참법'이라는 참회법을 대중화 시켰다고 할 수 있습니다.

《자비도량참법》은 모든 불·보살의 명호를 부르며 절을 하고 참회하는 형식으로 이루어져 있으며, 인과법 등 불법의 이치를 밝힌 경전이기도 합니다. 현재 구할 수 있는 우리말본은 운허스님의 번역이 독보적입니다. 참회에 관심이 있으신 분들은 이번 기회에 '자비도량참법'을 해보시길 권합니다.

그리고 참회는 참회하는 주체의 마음가짐과 방법에 따라 이참(理懺)과 사참(事懺)으로 나누기도 합니다. 흔히 행하는 방법인 사참(事懺)은 몸과 마음, 생각으로 지은 악업

왕초보 천수경박사 되다

에 대한 참회를 절이나 염불, 독송 등을 통해 하는 것입니다. 반면 이참(理懺)은 신·구·의 삼업(三業)이 본래 스스로 선과 악이라는 자성(自性)이 없음을 깨달아, 마음의 분별심에서 벗어나 적정(寂靜)함을 얻는 참회법입니다.

《천수경》에서 이참과 사참을 다 거론한 이유도 이처럼 참회가 중요하기 때문입니다. 뒤에 이어지는 '아석소조제 악업~멸진무유여'까지는 사참법이고, '죄무자성종심기~ 시즉명위진참회'는 이참법입니다. 결국 사참 후에 이참도 하는 구조가 《천수경》의 참회법입니다.

이제 《천수경》의 참회하는 구절을 살펴보도록 하겠습니다.

아석소조제악업 我昔所造諸惡業

| 내가 예부터 지은 일체의 악업은 |

악업 惡業 ─●

불교에서 말하는 업에는 착한 일인 선업(善業), 악한 일인 악업(惡業), 그리고 선과 악 어느 경우에도 해당하지 않는 무기업(無記業)의 세 가지가 있습니다.

우리가 짓지 말아야 할 업은 당연히 나쁜 결과를 받게 되는 악업입니다. 그래서 '악업'에 대한 반성과 참회로 게송이 시작되는 것입니다.

개유무시탐진치 皆由無始貪瞋癡

| 모두가 탐진치에 의한 것이며 |

탐진치 貪瞋癡 — ●

불교에서 가장 고약한 번뇌로, 치유하기 힘든 수행의 장애가 탐·진·치입니다. 그래서 이 셋을 아예 삼독(三毒)이라고 부릅니다.

탐(貪)은 욕심내는 마음을 말하는데, 자신의 능력이나 분수에 넘치는 것을 갈구하여 그 마음의 집착에서 벗어나지 못하는 것을 말합니다. 엄밀한 의미에서 수백억대의 부자가 백만 원짜리 와인을 마시고 수억 원짜리 외제차를 타고 한 끼에 몇 십만 원짜리 식사를 한다 하여도, 그것 자체로는 그가 탐심에 가득 차 있다고 단정 지을 수 없습니다. 만약 그가 그 재산을 형성하는 과정에 남의 희생을 강요했다거나, 현재의 재산을 바탕으로 불로소득 같은 투기성 재산 증식을 한다면, 이것은 마땅히 탐심이라는 악업에 해당

왕초보 천수경박사 되다

됩니다. 석가모니도 태자 시절에 최고의 호사를 누렸는데, 이것을 태자의 탐심 때문이라고 말할 수는 없는 것과 같다는 말씀입니다.

진(瞋)은 앞뒤 가리지 않고 무조건 화부터 내는 것을 말합니다. 차분히 상대의 말을 듣고 나서 판단을 해도 될 것을, 우선 화부터 내어 악업을 짓는 것입니다. 저도 이 화내는 악업에서는 자유롭지 못합니다.

출가한 중이니 크게 욕심낼 만한 것이 없고, 독신이니 주변 걱정이나 노후 걱정에서 일반인에 비해 비교적 자유로우니 탐심은 애초에 크게 낼 것도 없습니다.

그러나 진심(瞋心)은 다릅니다. 이미 짐작하셨겠지만 저도 다혈질적인 기질이 있어, 성질이 급하고 원칙에서 벗어나면 목청부터 높아집니다. 다행히 50이 넘어서부터는 나이 값도 못 한다는 뒷소리가 겁이 나(이 고백은 瞋心이 아니라 眞心입니다) 목청을 낮추는 노력을 수행의 한 부분으로 여기고 있습니다.

치(癡)는 행동이나 행위가 아니라, 생각이나 마음의 수준이 미천하여 어리석음을 말합니다. 그러니 악업을 저지를 가능성이 아주 높아지는 것입니다.

80년대 초 서울 변두리의 한 포교원에 있을 때의 일입니다. 1, 2층을 절에서 임대해 사용하고, 지하는 다른 사람이 살고 있었습니다. 매달 고지되는 전기세, 수도세 등은 지하에 사는 사람들과 사용량만큼 계산해서 내는 것이 당연한 일입니다. 그런데 어느날 밖에서 싸우듯 언성 높이는 소리가 들려 나가 보았더니, 절 대중 한 분이 지하에 사는 분과 전기세 문제로 싸우는 것이었습니다.

지하에 사는 사람은 '나는 형광등 전선 하나에서 냉장고 TV 등을 뽑아 쓰니, 전기요금도 형광등 하나 쓰는 분량만 내면 된다'는 주장만 반복하고 있었습니다.

이미 얼굴이 벌게져 사천왕상이 돼버린 절 식구에게 제가 결론을 내려주었습니다. 우리의 수행으로 저 정도의 확신과 신념을 어찌 납득시키고 이해시킬 수 있겠느냐, 저 수준은 보살이 현현하셔야 언어 소통이 가능할 것 같으니 앞으로도 그 사람 주장대로 형광등 하나 값만 받자고 말입니다. 웃으시겠지만, 20여 년이 지난 지금의 사람들끼리의 의사소통도 제가 겪었던 그 수준은 벗어났다는 확신이 서지 않는 것이 저의 솔직한 심정입니다.

바로 이어지는 다음 부분은 대부분 이미 설명을 했기 때문에 여기서는 중복해서 설명하지 않아도 충분히 이해하실 것입니다.

왕초보 천수경박사 되다

종신구의지소생 從身口意之所生

| 몸과 입과 뜻으로 만든 악업을 |

신구의 身口意 —●

우리가 짓는 탐 · 진 · 치 삼독의 악업은 모두가 몸〔身〕과 입〔口〕과 생각〔意〕에서 비롯된다는 뜻입니다.

일체아금개참회 一切我今皆懺悔

| 이제 모두 참회합니다 |

내가 예부터 지은 일체의 악업은 모두가 탐 · 진 · 치에 의한 것이며, 그것은 몸과 입과 뜻으로 인해 만든 악업이니, 그렇게 지은 모든 악업을 지금 반성하고 참회한다는 뜻입니다.

참제업장십이존불 懺除業障十二尊佛

| 참회를 증명해주시고 업장을 멸해주시는 열두 분의 부처님 |

나무 참제업장보승장불 南無懺除業障寶勝藏佛

| 참회를 받아주시는 보승장 부처님께 귀의합니다 |

보승장불은 감추어진 탁월한 진리의 보물로 중생이 남에게 진 일체의 신세와 허물을 소멸시켜주시는 부처님입니다.

보광왕화렴조불 寶光王火炎照佛

| 참회를 받아주시는 보광왕화렴조 부처님께 귀의합니다 |

보광왕화렴조불은 지혜의 불빛을 비추어 중생이 재물을 사치하고 낭비한 죄를 소멸시켜주시는 부처님입니다.

일체향화자재력왕불 一切香火自在力王佛

| 참회를 받아주시는 일체향화자재력왕 부처님께 귀의합니다 |

일체향화자재력왕불은 자비의 향기를 뿌리시며 중생이 저지른 모든 죄업을 소멸시켜주시는 부처님입니다.

백억항하사결정불 百億恒河沙決定佛

| 참회를 받아주시는 백억항하사결정 부처님께 귀의합니다 |

백억항하사결정불은 백억 모래알처럼 많은 선업을 닦아 중생이 지은 살생의 죄업마저도 소멸시켜주시는 부처님입니다.

진위덕불 振威德佛

| 참회를 받아주시는 진위덕 부처님께 귀의합니다 |

진위덕불은 위덕으로 악하고 불온한 업을 항복 받으시고 중생의 음행의 죄업을 소멸시켜주시는 부처님입니다.

금강견강소복괴산불 金剛堅强消伏壞散佛

| 참회를 받아주시는 금강견강소복괴산 부처님께 귀의합니다 |

금강견강소복괴산불은 금강과 같은 강한 마음으로 모든 죄업을 부수며 지옥의 죄업마저 소멸시켜주시는 부처님입니다.

보광월전묘음존왕불 寶光月殿妙音尊王佛

| 참회를 받아주시는 보광월전묘음존왕 부처님께 귀의합니다 |

보광월전묘음존왕불은 달빛이 널리 비추듯 묘음을 전하며 중생에게 가르침의 공덕을 일깨워주는 부처님입니다.

환희장마니보적불 歡喜藏摩尼寶積佛

| 참회를 받아주시는 환희장마니 부처님께 귀의합니다 |

환희장마니보적불은 여의주를 가지고 기쁘게 하시며 중생이 화내고 분노한 죄업을 소멸시켜주시는 부처님입니다.

무진향승왕불 無盡香勝王佛

| 참회를 받아주시는 무진향승왕 부처님께 귀의합니다 |

무진향승왕불은 무량한 가르침의 향기로 중생의 생사고통을 소멸시켜주시는 부처님입니다.

왕초보 천수경박사 되다

사자월불 獅子月佛

| 참회를 받아주시는 사자월 부처님께 귀의합니다 |

사자월불은 사자처럼 위덕이 있고 달처럼 지혜로워 축생으로 태어날 중생의 죄업을 소멸시켜주시는 부처님입니다.

환희장엄주왕불 歡喜莊嚴珠王佛

| 참회를 받아주시는 환희장엄주왕 부처님께 귀의합니다 |

환희장엄주왕불은 자비희사(慈悲喜捨)의 네 가지 무량한 마음을 닦으며 중생의 살생과 도둑질한 죄업을 소멸시켜주시는 부처님입니다.

제보당마니승광불 帝寶幢摩尼勝光佛

| 참회를 받아주시는 제보당마니승광 부처님께 귀의합니다 |

제보당마니승광불은 임금처럼 위력 있고 보석같이 빛을

내며 중생의 탐심의 죄업을 소멸시켜주시는 부처님입니다.

십악참회 十惡懺悔

| 열 가지 악업을 참회합니다 |

십악 十惡 ─●

악업 중에서도 가장 나쁜 열 가지 행위를 낱낱이 열거하면서 모두 다 참회한다는 말입니다.

살생중죄금일참회 殺生重罪今日懺悔

| 살생으로 지은 죄를 지금 참회합니다 |

살생중죄 殺生重罪 ─●

《천수경》의 열 가지 참회의 대상 중 살생·투도·사음은 몸으로 짓는 신업(身業), 망어·기어·양설·악구는 입으로 짓는 구업(口業), 그리고 나머지 세 가지 탐애·진에·치암 중죄는 생각으로 짓는 의업(意業)으로 분류할 수 있습니다. 즉 신·구·의 삼업을 구체적으로 밝혀 놓고 일

　　　　　　　　　왕초보 천수경박사 되다

일이 참회한다는 내용이 '십악참회'입니다.

살생을 금하는 일은 따로 설명이 필요 없다고 할 정도로, 일반인들에게도 불교의 제일 덕목이라고 알려져 있습니다. 또한 제정신 갖고 의식적으로 살생을 즐기는 사람은 없다고 말할 수 있을 것입니다.

낚시가 취미인 사람이나 직업상 소, 돼지, 닭 등을 도축해야 하는 경우가 살생에 해당됩니다. 낚시의 경우 정작 고수(高手)들은 낚인 고기를 그 자리에서 풀어주거나, 아예 낚시 바늘이 없는 줄만 물에 담가 놓고 마음으로 즐긴다고 합니다. 멧돼지나 토끼 등 야생동물을 총으로 잡는 사냥을 취미로 가진 사람도 있습니다. 그런데 우연인지 살생에 대한 과보인지는 몰라도, 바다낚시 하다 파도에 휩쓸려 죽는 사람이나 짐승 사냥하다가 잘못하여 엉뚱하게 사람을 쏴 일생을 망치는 사람이 심심치 않게 뉴스에 보도됩니다.

불교를 떠나서 생각해 보아도 취미라는 것은 삶에 여유를 주기 위한 것이고, 정신적 휴식으로 다음 일에 몰두할 에너지를 충전하는 데 의미가 있습니다. 굳이 내 삶을 송두리째 앗아갈 가능성이 잠재되어 있는 행위를 취미로 삼는다는 것은 재고해 볼 여지가 있다고 생각합니다. 직업상 도축이라는 살생을 할 수밖에 없는 사람은, 도축 전 잠시라도 내가 살생하는 짐승에게 자비의 마음을 내야 합니다.

　과학자들도 자기 실험실에서 죽어간 동물들을 위한 추모비를 세우고 경건한 마음으로 추모하는 것을 중요한 행사로 삼고 있습니다.

투도중죄금일참회 偸盜重罪今日懺悔

| 도둑질한 중죄를 지금 참회합니다 |

투도중죄 偸盜重罪 ─●

　투도는 도둑질하는 것을 말하는데, 더 넓게 해석하면 남이 주기 싫어하는 것을 억지로 자기 것으로 만든다거나, 자기가 한 일 이상의 대가를 바라는 것도 투도라 할 수 있습니다.

　부동산을 등기도 하지 않고 전매하는 투기(投機)를 주업으로 하는 중개인들도 실은 실수요자에게 피해를 주므로 이 투도죄에 해당한다고 할 수 있습니다. 물론 당사자들이야 투기가 아닌 투자라고 우기겠지만 말입니다.

왕초보 천수경박사 되다

사음중죄금일참회 邪淫重罪今日懺悔

| 사음을 행한 중죄를 지금 참회합니다 |

사음중죄 邪淫重罪 — ●

사음은 제게는 확실한 감이 잡히지 않아 사전의 설명을 소개합니다. '배우자 이외의 사람과 성관계를 가지는 것' 이라고 되어 있습니다.

그렇다면 배우자와 성관계를 갖는 것은 십악 중죄 중 사음의 악업에 해당되지 않는다는 말입니다. 이런 성관계를 무엇이라 표현할 수 있을까를 고민하다가 드디어 신조어를 만들었습니다. '정음(正淫)', 즉 음행이긴 하지만 정당한 행위이니 '사' 대신 '정(正)'을 붙여 보았습니다. 정음은 사음을 설명하기 위해 제가 만든 말이니 사전을 찾으셔도 없을 것입니다. 정음은 부부간에 게을리 했다가는 이혼의 사유 중 하나가 될 수도 있고, 상대는 거부하는데 강제로 했다가는 성폭력이라는 세속법이 적용되니 지키기 쉽지 않을 것 같습니다.

게다가 사음이라는 죄도 음행의 정도가 어디까지인지가 분명치 않아, 마찬가지로 그 범주를 정하기가 쉽지 않을 것 같습니다. 통상적으로 포르노 영화의 기준은 '성기노출'로 판단의 기준을 삼습니다. 사음(邪淫)의 기준을 사전에서처럼 다른 사람과의 성관계에 둔다면, 다른 사람과 그 '이하'의 애정 표시를 했다면 사음 중죄에 해당하는 것인지 그렇지 않은 것인지 저로서는 판단을 내릴 수 없습니다. 여러분 중 경험이 있으신 분들이야 의미 있는 미소를 짓고 계시겠지만 말입니다.

사음과 투도, 살생은 세 가지 모두 몸으로 짓는 악업, 즉 신업(身業)이 되는 것입니다.

사족을 하나 붙여 보겠습니다.

결혼을 앞둔 젊은 남녀가 너무나 사랑한 나머지 결혼식 날까지 참지 못하고, 결혼 며칠 전에 그만 잠자리를 하게 되었습니다. 이것도 사음죄에 해당될까요? 부파불교의 논사들은 실제로 이런 문제로 토론 끝에 합일점을 도출하지 못하면서 분파를 거듭한 것입니다.

망어중죄금일참회 妄語重罪今日懺悔

| 망언을 한 중죄를 지금 참회합니다 |

망어중죄 妄語重罪 — ●

이제부터 연속되는 네 가지 악업은 십악 중 말로 짓는 악업, 즉 구업(口業)에 해당됩니다. 다른 죄는 세 가지인데 구업은 네 가지니, 역시 세 치의 혀를 단속하는 것이 악업을 짓지 않는 가장 기본적인 일인 것 같습니다.

우리가 잊을 만하면 '독도는 일본 영토다', '위안부의 존재는 없었다'라고 함부로 떠들어 국민적 분노를 일으키는 일본을 향해 우리가 하는 말이 '일본은 망언을 중단하라'입니다. 망언(妄言)이나 망어(妄語)는 같은 말입니다. 망령된 말, 즉 도저히 제정신을 가진 사람이라면 할 수 없는 말이 망어입니다.

기어중죄금일참회 綺語重罪今日懺悔

| 기이한 말을 한 중죄를 지금 참회합니다 |

기어중죄 綺語重罪 — ●

기어(綺語)란 기이하고 해괴한 말로 상대를 농락하는 것을 말합니다.

신조어인 보이스 피싱(voice phishing)이 제격인 예가 될 것 같습니다. 보이스 피싱은 무작위로 전화를 걸어 받는 사람에게 겁을 주거나, 당장 해결하지 않으면 큰일을 당할 것처럼 말을 해 돈을 갈취하는 아주 질이 나쁜 사람들이 짓는 악업입니다.

또 전화로 부동산에 투자하라는 감언이설도 기어의 악업에 해당됩니다. 심지어 저도 이런 전화를 심심치 않게 받는데, 대응하기 짜증이 나 나름대로 생각해낸 방법이 있습니다. 웃으면서 우연의 일치가 재미있다는 듯 "어허, 이거 어쩌나. 실은 나도 같은 일을 하고 있는데요."라고 대꾸하니 100% 효과가 있었습니다. 여러분도 한번 써먹어 보시면 그 '영험'을 실감하실 수 있을 것입니다.

양설중죄금일참회 兩舌重罪今日懺悔

| 두 가지로 말한 중죄 지금 참회합니다 |

양설중죄 兩舌重罪 —●

양설(兩舌)이란 혀가 둘인 것처럼 한 입에서 전혀 다른 말을 해대는 것을 말합니다.

이 분야에서는 정치인들을 따라잡을 수 없음을 인정할

왕초보 천수경박사 되다

수밖에 없습니다. 앞서 언급한 정음(正淫)에는 나를 따라
올 사람이 없다고 자신하는 분도, 양설의 테크닉과 그 횟수
에 있어서 정치인의 경지를 넘보는 것은, 부처님 앞에서 설
법하는 행위가 될 것입니다.

선거에 당선이 되기 전후나 이권 단체를 대변할 때 정치
적 소신이 없는 것은 그렇다 치고, 자신의 논리를 180도 바
꾸어 그 타당성에 침을 튀기는 입을 보면, 양설(兩舌)이 아
니라 다설(多舌)의 대가들임이 틀림없습니다. 그들의 양설
을 넘어선 다설(多說) 중 공식 연설 때마다 항상 앞세우는
말인 '존경하는 국민 여러분'은 생략하는 게 오히려 더 솔
직하게 들릴 거라는 생각이 듭니다.

악구중죄금일참회 惡口重罪今日懺悔

| 악담한 중죄를 지금 참회합니다 |

악구중죄 惡口重罪 — ●

악구(惡口)는 상대에게 저주의 말을 하는 것입니다.

제가 어려서 동네 아주머니들이 싸움을 할 때 자주 들었
던 "어디 그런 심보로 네 자식 잘되는지 두고 보자." 같은

말이 악업이 된다는 것입니다.

믿기진 않지만 부산에서 열린 한 기독교 기도회에서 '절들의 기둥이 무너지고…'라는 말을 기도문의 한 부분으로 외치는 것을 확인한 적이 있었는데, 이것이야말로 악구 중에서도 상위에 랭크될 만한 말이라고 여겨집니다. 아마 그 기도를 한 교인은 자신의 종교인 기독교도 제대로 믿을 능력이 없는 사람일 것입니다.

탐애중죄금일참회 貪愛重罪今日懺悔

| 탐욕심을 낸 중죄를 지금 참회합니다 |

진에중죄금일참회 瞋恚重罪今日懺悔

| 진노하고 화내는 마음을 낸 중죄를 지금 참회합니다 |

치암중죄금일참회 癡暗重罪今日懺悔

| 어리석은 마음을 낸 중죄를 지금 참회합니다 |

탐애(貪愛)·진에(瞋恚)·치암(癡暗) ──●

탐애(貪愛)·진에(瞋恚)·치암(癡暗) 중죄는 이미 설명

드린 탐·진·치 삼독(三毒)과 같습니다.

단지 유념할 것은 치암, 즉 어리석은 것도 결국은 악업이라는 것입니다. 어쩌면 이 어리석음에서 나머지 악업이 일어나는 경우가 허다하니, 치암이야말로 우리가 가장 경계해야 될 업인지도 모르겠습니다.

백겁적집죄 百劫積集罪

| 백겁 동안 쌓인 죄 |

일념돈탕제 一念頓蕩除

| 한 생각에 없어지니 |

여화분고초 如火焚枯草

| 마치 마른 풀이 불에 타듯 |

멸진무유여 滅盡無有餘

| 흔적도 없이 모두 소멸되어지이다 |

일념돈탕제 一念頓蕩除 —●

제(除) 대신 진(盡)으로 하기도 합니다만, 뜻은 같습니다.

일념(一念)과 돈(頓)은 두 가지 다 '순식간에'라는 의미가 담겨져 있습니다.

앞서 몸과 입과 생각으로 짓는 큰 죄업인 십악을 참회하였으니, 이제는 내가 과거 백겁 동안 지었던 죄업이 한 생각에 소멸되라고 발원하는 것입니다.

그리고 그 죄업이 소멸되는 모습이 마치 마른 섶에 불이붙어 순식간에 흔적도 없이 사라지듯 이루어 달라고 원하고 있습니다. 이 내용만 놓고 보면 지금의 게송부는 마음으로 참회하는 형태이니, 참회의 형태 중 이참(理懺)에 해당된다고 해도 될 듯 싶습니다.

'이참'의 전형은 계속되는 다음 구절입니다.

죄무자성종심기 罪無自性從心起

| 죄는 성품(근원)이 없어 오직 마음 따라 일어나는 것 |

심약멸시죄역망 心若滅時罪亦亡

| 죄라는 마음이 사라진다면, 죄 역시 사라져서 |

왕초보 천수경박사 되다

죄망심멸양구공 罪亡心滅兩俱空

| 죄와 죄란 마음 함께 사라져 공해지면 |

시즉명위진참회 是則名爲眞懺悔

| 이것을 이름 하여 진실된 참회라 하네 |

죄무자성 罪無自性 —●

《천수경》에서 이 부분의 해석이 가장 어렵습니다. 설명하는 사람도, 공부하는 사람도 마찬가지입니다. 공부하는 쪽에서는 내용이 어렵기도 하지만, 설명하는 입장에서는 해설의 어려움뿐만이 아니라 다른 당혹스런 문제가 있습니다.

지금까지의 《천수경》이 진언과 관세음보살님께 의지하는 신앙으로서의 불교를 담고 있는데 반해, 이 구절은 수행의 본질과 마음을 논해야 함은 물론, 현상계의 법리(法理)를 불법(佛法)으로 드러내야 하는 선불교(禪佛敎)로 이해해야 하기 때문입니다.

이런 《천수경》의 양면성을 염두에 두시고 설명을 읽으셔야 모순에 빠지지 않습니다.

죄가 무자성(無自性)이라는 말에서 '무자성'이란, 스스로 성품이 정해져 있는 것은 아니라는 뜻입니다. 죄라는 것이 따로 정해져 있어 특정한 말과 특정한 행동은 무조건 죄라는 등식이 성립되는 것은 아니라는 말입니다.

예를 들면 미국 시카고를 중심으로 마피아의 대부격인 알 카포네(Alphonse Gabriel Capone : 1899~1945)라는 인물은 사형을 당해도 마땅할 만큼 극악한 범죄를 수도 없이 저지른 악당입니다. 그런데 자신이 사는 지역의 의지할 곳 없는 수백 명의 노인들에게 무료급식을 하였습니다. 알 카포네는 1927년 당시 1년 수입이 세계 최고인 1억 달러라고 기네스북에 올라 있다고 합니다. 이에 비하면 그가 한 무료급식은 말 그대로 새 발의 피나 모기 눈물 만큼이라고 표현해도 과언이 아닙니다.

그러나 무료급식을 받는 노인들에게 그는 천사였습니다. 이게 제가 지어낸 말들이 아니라, 마피아의 역사를 다룬 다큐멘터리에서 그의 급식이 아니면 굶을 수밖에 없던 한 노인의 인터뷰에서 직접 들은 말입니다.

이번에는 반대의 예를 들겠습니다. 마이크로소프트사를 창립한 세계 최고의 부자인 빌 게이츠를 모르는 분은 아마 없을 것입니다. 또한 그가 자선가였던 부인의 영향으로 세계에서 최대 규모의 돈을 자선재단에 기부하는 사실도 잘 알려져 있습니다. 부부의 이름을 딴 '빌 앤드 멜린다 게이츠' 재단은 수십조의 재원으로 세계 여러 나라에서 수많은 자선사업을 하고 있습니다.

이 재단의 도움으로 죽음에서 벗어나는 사람이 1년에 20~30만 명에 달한다니 상상을 초월하는 규모입니다. 이 재단은 질병 퇴치와 빈곤의 구제를 최선의 가치로 운영합니다. 특히 아프리카에서는 직접 병원을 운영하며 에이즈 등에 걸린 가난한 사람들을 무료로 치료해주고 있습니다. 그러니 빌 게이츠 부부는 현대판 관세음보살이라고 해도 될 것 같습니다.

하지만 이게 그리 간단하게 판단할 수 있는 사안이 아닙니다. 그의 의도가 어떻든 그가 운영하는 아프리카의 병원이 있는 곳에서는, 그 나라에 본래 있던 병원들이 폐업까지 하는 사태가 생긴다고 합니다. 그의 재단이 운영하는 병원이 워낙 규모가 크고 시설과 급여가 월등해, 그나마 그 나라에 몇 안 되는 의료진들이 그 병원으로만 몰려 일어나는 현상입니다. 결국 지방의 소규모 병원에서 치료를 받아야 할 사람들은 그나마 의료시설을 이용할 기회조차 박탈당한다는 말입니다.

게다가 '빌'이 운영하는 병원에서는 감기나 설사 같은 가벼운 질환의 환자는 치료하지 않는 것이 방침이라니, 참 답답한 경우가 생겨버립니다. 누군가가 아프리카의 이런 현실을 "에이즈에 걸린 엄마는 빌 게이츠 덕에 살고, 홍역 걸린 아이는 치료를 못 받아 죽어가고 있다."라고 지적합니다.

제 말이 논리의 비약이라고 마뜩치 않으신 분도 있겠지만, 선과 악의 기준이 당하는 사람 따라 교차하는 두 가지 예를 보며 선과 악, 죄 등이 '무자성'이라는 말이 조금은 감이 잡히길 바랍니다. 무자성을 다른 식으로 설명하면, 오직 마음 따라 일어나는 것의 '결과'로 죄라고 이름 붙일 뿐이지, 실은 죄가 모든 것의 본질은 아니라는 말입니다.

이 말은 《금강경》의 "보살은 이름이 보살이지 실은 보살이 아니고 … 중생은 이름이 중생이지 실은 중생이 아니고…"라는 대목이 가르치고자 하는 '일체개공(一切皆空)' 사상과 같습니다.

《천수경》은 초반에 '아약향도산 도산자최절…' 부분에서는 철저하게 관세음보살에게 내가 사후에 받을 죄업을 소멸해 달라고 기원하는 신앙으로서의 불교로 일관하고 있습니다. 그러다 여기서는 죄라는 것이 본래 존재하는 것이 아니라 네 마음속에서 일어나는 것이니 네가 마음먹기 달렸다고 합니다. 이것은 신앙의 불교에서 수행의 불교로 전

환된 것입니다.

그게 다 같은 불법인데 뭐가 그리 문제될 것이 있느냐고 반문하실지 모르겠지만, 결코 그렇지 않습니다. 신앙의 불교는 선과 악이 정해진 것이고, 그 과보인 지옥도 실재하고, 나의 힘이 아닌 부처나 보살의 힘으로 지옥에서 벗어날수 있는 것입니다. 그러나 수행의 불교는 선과 악, 죄 모두가 무자성으로 공(空)한 것이니 마음먹기에 따라서는 지옥도 없고, 따라서 《천수경》에 의지할 필요도 없게 되는, 모든 것이 단지 내 마음의 작용에 불과하다는 선불교적인 최고 수준의 불교입니다.

'죄망심멸양구공', 즉 죄와 죄란 마음이 함께 사라져 공(空)해지면, 이것이 바로 제대로 된 참회라는 《천수경》의 구절은 여러분이나 저나 더 깊이 생각해야 할 중요한 대목입니다.

참회진언 懺悔眞言

| 참회하는 진언 |

옴 살바 못자 모지 사다야 사바하

(모든 불 · 보살님께 귀의하옵니다)

진언 眞言 ─ ●

진언은 밀교에서 수행의 기본으로 여기는 비밀스럽고 신비스러운 말이라고 서두에 말씀드렸습니다.

준제공덕취 准提功德聚

| 준제진언은 온갖 공덕 갖추었으니 |

적정심상송 寂靜心常誦

| 고요한 마음으로 항상 외우면 |

일체제대난 一切諸大難

| 일체의 크고 작은 고난들이 |

무능침시인 無能侵是人

| 이 사람에게는 능히 침범하지 못하네 |

준제 准提 ─ ●

이 구절에서 준제는 준제진언을 말합니다. 그리고 준제진언을 찬탄하는 게송 후에는 '준제보살'이 등장합니다.

왕초보 천수경박사 되다

준제보살은 통상적으로 관세음보살의 화신(化身)으로 설명되니, 준제진언 역시 관세음보살과 관련된 진언으로 받아들일 수 있습니다.

그런데 이런 뜻으로 준제보살을 이해하다 보니,《천수경》에서 저를 당혹하게 만드는 구절이 또 있습니다. 이 문제는 곧 이어지는 '나무칠구지불모대준제보살'의 설명 때 거론하도록 하겠습니다

천상급인간 天上及人間
| 천상의 사람에서 인간에 이르기까지 |

수복여불등 受福如佛等
| 부처님과 같이 차별 없는 복을 받고 |

우차여의주 遇此如意珠
| 만약 여의주를 만나게 되면 |

정획무등등 定獲無等等
| 완전한 깨달음을 얻으리 |

나무 칠구지 불모 대준제보살南無七俱胝佛母大准提菩薩

| 칠억겁 동안 부처의 모체이신 준제보살께 귀의합니다 |

칠구지불모 대준제보살七俱胝佛母大准提菩薩 —●

바로 앞의 무등등(無等等)을 완전한 깨달음이라고 말하였는데, 이는 부처님의 깨달음과 같은 것을 얻는다는 의미에서 완전한 깨달음이라고 한 것입니다.

이제 준제보살이 문제입니다. 잠깐 거론했듯이 준제보살을 관세음보살과 동일한 보살이라고 단정 짓기에는 참 곤란한 접두어가 붙어 있어 당혹스럽습니다.

준제보살＝관세음보살＝불모(佛母 : 모든 부처님의 어머니 격인 보살)

이 등식이 성립된다면 제가 고민하거나 당혹스러울 이유가 없습니다만, 유감스럽게도 이곳 이외의 경전 등에서 관세음보살을 중생의 어머니라면 몰라도, '부처님의 어머니'로 상정한 곳이 제 기억에는 없습니다.

칠구지(七俱胝)는 칠억겁이리는 오랜 시간을 말하니 칠구지불모대준제보살을 풀이하면, '칠억겁의 세월 동안 부처를 키워 낸 큰 보살이신 준제보살'이라고 할 수 있습니다. 준제보살≡관세음보살로 해석해야 이치에 맞습니다.

이제 《천수경》에서 딱 한 줄 '나무 칠구지불모 대준제보살'(실은 이 한 줄은 없어도 《천수경》의 맥락에 전혀 문제될 것은 없습니다)이 주는 모순을 여러분께 납득을 시켜드려야 하는데, 다행히 방법이 있습니다. 우리가 일반적으로 믿는 불교는 현교이고, 밀교라는 불교의 영역이 따로 있다고 서두에 말씀드렸습니다. 게다가 이 《천수경》은 밀교의 영향이 절대적인 경이라고도 말씀드렸습니다. 바로 밀교에서는 준제보살을 모든 부처님의 어머니고, 모성과 자비를 상징하는 보살로 이해하고 있습니다.

정리하면 앞의 게송(준제공덕취~)에서는 준제보살을 관세음보살과 같은 현교적(顯敎的) 보살로 가정하고, 게송 후 '나무 칠구지불모 대준제보살'에서는 밀교적(密敎的) 보살로의 준제보살을 설한 것이라는 말입니다.

준제보살을 이렇게 구별하는 것을 좀 지나치다고 여기시는 분이 있을지도 모르겠습니다만, 저는 오히려 《천수경》이 적은 글자 수에 비해 너무 많은 사상을 함축시키고, 더욱 현교와 밀교 두 사상을 분별하기 힘들 정도로 함께 엮어 놓은 결과가 아닌가 생각합니다.

이어지는 준제진언 다음의 '아금지송대준제~'의 준제 역시 관세음보살의 다른 이름으로서 준제보살을 상정한 것인지, 아니면 모든 부처의 모체로서 준제보살을 의미하는 것인지, 저는 그 구별에 자신이 서지 않습니다.

차라리 다 아시는《반야심경》이나 법성게가《천수경》보다 훨씬 짧고 어렵지만, 사상과 그 표현에 일관성이 있어 설명이 오히려 수월하다는 게 제 생각입니다.

정법계진언 淨法界眞言

| 법계를 청정하게 하는 진언 |

옴 남

(지혜의 불꽃으로 청정케 하소서)

호신진언 護身眞言

| 몸을 보호하는 진언 |

옴 치림

(행복과 평화가 오소서)

관세음보살 본심미묘 육자대명왕진언

觀世音菩薩本心微妙六字大明王眞言

| 관세음보살의 미묘한 본심이 담긴 여섯 글자로 된 크고 밝은 왕인 진언 |

옴 마니 반메 훔

(여의주와 같고 연꽃 같이 청정한 불·보살의 세계여)

준제진언 准提眞言

| 준제보살의 진언 |

나무 사다남 삼먁삼못다 구치남 다냐타 옴 자례 주례 준
제 사바하 부림

(천만억의 正覺을 이루신 부처님께 귀의합니다. 항상 움직이
시고 부처님의 이마와 같이 거룩한 분이시여)

아금지송대준제 我今持誦大准提

| 제가 이제 대준제진언을 지성으로 외웠으니 |

준제진언 准提眞言 —●

바로 윗줄의 '나무 사다남 삼먁삼못다 구치남 다냐타 옴 자례 주례 준제 사바하 부림'인 준제진언을 지송했으니, 아래의 '즉발보리광대원~원공중생성불도'가 이루어지이다라는 준제진언의 공덕에 대한 원(願)을 세우는 것이 지금 게송의 내용입니다.

확인하자면 여기서의 준제보살은 관세음보살의 범주를 넘어선 준제보살을 염두에 둔 것 같습니다.

즉발보리광대원 卽發菩提廣大願

| 곧바로 깨달음에 이르는 큰 원을 일어나게 하시고 |

보리 菩提 —●

보리(菩提)는 깨달음을 뜻합니다. 어설픈 깨달음이 아니라 보살의 경지에 이른 깨달음이어야 보리라 할 수 있습니다. 보살의 52계위에서 나타난 수행의 경지와 그 수행이 보리인 것입니다.

원아정혜속원명 願我定慧速圓明

| 제가 선정과 지혜를 얻어 속히 밝아지게 하시고 |

정혜 定慧 ─ ●

이 부분 역시 앞의 '원아속득계정도'에서 말씀드렸습니다. 정혜는 정(定)과 혜(慧)를 말하는데, 이 둘에 계(戒)를 더하여 삼학(三學)이라고 합니다. 이 세 가지는 불교에서 익히고 지녀야 할 가장 중요한 덕목입니다.

정(定)은 마음이 오롯하여 흔들림이 없는 상태를 말하는데, 선정(禪定)을 줄인 말이라고 생각해도 틀리지 않습니다.

혜(慧)는 글자 그대로 지혜를 뜻하는데, 세속적인 지혜가 아닌 반야(般若)의 절대적 지혜의 단계를 말합니다. 수행을 완성해 가는 보살 중에서도 거의 부처님과 버금가는 깨달음을 얻은 수승한 보살이 얻는 경지가 '정혜'입니다. 그러니 《천수경》을 독송하시는 분들은 '내가 가장 수승한 보살도에 이르게 하여지이다'라는 원을 세우는 것이 됩니다.

원아공덕개성취 願我功德皆成就

| 제가 공덕을 모두 성취하오며 |

공덕 功德 — ●

공덕이라는 말처럼 스님들께 자주 듣는 말도 아마 없을 것입니다. 공덕이라는 단어를 빼면 법문할 때 무척 곤란을 겪을지도 모르겠습니다. 한편 공덕이란 말처럼 제대로 실천에 옮기기 어려운 말도 없을 것입니다. 절에서 하는 불사(佛事)나 기도에 열심히 동참하고, 보시를 많이 하는 것이 공덕이 된다는 말은 산수의 구구단처럼 못이 박히게 들으셨을 것입니다.

공덕은 과연 그런 것일까요?

저는 여러분이 불교를 믿으며 하는 행위의 상당부분이, 실은 공덕과는 관계없다고 생각합니다. 너무 심한 것 아니냐 하시는 분들이 많으실 줄 압니다.

《자비도량참법》을 널리 유포했다는 양 무제와 달마의 대화를 상기해 보겠습니다.

양 무제는 불심이 돈독해 수백 개의 절을 세우고 수천 명의 스님들을 공경했습니다. 이런 양 무제가 자신 있게 달마에게 그 공덕을 물은 일은 당연했을 것입니다. 하지만 돌아온 답은 '공덕이 없다'였습니다. 화가 난 무제는 달마를 내쳐버렸습니다. 사실은 달마를 내친 순간 쌓였던 공덕이 그냥 날아가버린 것인지도 모르겠습니다.

공덕에 대해 《금강경》에서는 이렇게 정의합니다.

삼천대천세계를 칠보로 장엄하는 보시를 하여도 《금강경》 한 구절을 읽고 외우는 것만 못하다고 말입니다. 《금강경》에서 강조하는 것은, 두말 할 것도 없이 최고의 공덕은 수행이라는 것입니다.

그런데도 우리나라 스님들은 신도들을 '돈줄'로 생각하지 구제의 대상이나 수행으로 이끌어야 할 제자로 여기지 않는 것 같습니다. 하기야 욕심 있는 스님의 입장에서는 자진해서 공덕을 짓는다고 바치는 돈을 마다할 이유가 없을 것입니다(저한테도 이런 신도가 있었으면 좋겠습니다). 또 한편 신도의 입장에서는 돈을 보시하지 않으면, 도무지 공덕을 짓는 기본이 안 되어 있다는 분위기가 형성된 곳이 현재의 사찰 모습이기도 합니다.

그러니 공덕이란 말만 입에 대면 돈이 생기는 절과 스님의 입장에서는 논리적으로 '참공덕'이 무엇인지 신도들에게 공들여 주입시킬 이유가 없습니다.

실은 여기에서 그치는 것이 아니라 모든 것을 돈과 연관 짓고, 거의 1년 내내 무슨 기도 동참하라는 프로그램화 된 일정을 만들고, 동참을 게을리 하면 신도들로 하여금 죄책감을 유발시키는 절과 스님들이 허다합니다.

너무 극단적인 말이라고 하시는 분들도 있겠지만, 세속 나이 이미 50을 넘었고, 절에서 살아온 햇수만 30년이 넘는 제가 이런 속내를 앞뒤 고려하지 않고 아무 생각 없이 털어 놓겠습니까.

한심하기는 신도들도 마찬가지라 자신의 업을 절에 내는 불사 비용이나 기도 동참금으로 때우려는 생각부터 합니다. 방생 때는 수십 대의 관광버스가 꽉 차도, 교리공부나 본격적인 수행에는 몇 십 명 모이기도 힘듭니다. 부처님이나 보살님들을 자신의 소원을 들어주는 '신'으로 받아들이고, 불교의 근본은 깨달음을 향해 정진하는 데 있다는 사실은 이론으로만 존재합니다.

자신들이 보시하여 절의 수입이 1년에 수십억이 되어도, 그 돈이 불교답게 쓰이고 있는지에 대해서는 관심도 두지 않습니다. 결국 그 스님에 그 신도의 궁합이 잘 맞아 떨어져서 한국불교의 문제들이 바로잡히지 않는 것입니다.

그러니 신도들이 공부를 부지런히 하여 어느 것이 참공

덕인가를 자각하고, 부처님 이름을 내세우면 무슨 일이든 공덕을 짓는 불사로 인식하여 신도들이 다 해결해준다는 타성에 젖어 있는 스님들이 부끄러움을 느끼도록 하는 것이 자신을 위하고 한국불교를 위하는 길이라고 생각합니다.

다행히 근래에 절에서 며칠 묵으며 스님들의 일상과 같은 일과를 하는 '템플스테이'가 활기를 띠고 있고, 수행에 대한 관심 또한 고조되고 있어 그나마 위안이 되기는 합니다.

원아승복변장엄 願我勝福遍莊嚴

| 제가 이룬 복으로 세계가 모두 장엄되며 |

장엄 莊嚴 — ●

장엄은 본래 위엄 있고 품위 있게 꾸미는 것을 말합니다. 불단을 잘 꾸미는 것이 바로 이 장엄입니다.

그런데 이 대목의 장엄은 내가 이룬 복, 즉 공덕으로 세상 모든 중생들이 다 요익(饒益)되게 해달라고 말하는 것입니다. 곧 내가 공덕을 지어 복이 있다면 그것으로 나만이 편안해지고 말 것이 아니라, 나와 관련이 없는 모든 중생들에게도 그 이익을 나누어 갖겠다는 이타(利他)의 원을 장엄이라고 하는 것입니다. 참으로 본받을 만한 대목입니다.

원공중생성불도 願共衆生成佛道

| 원컨대 저와 다른 모든 중생들이 부처를 이루게 하여지이다 |

성불 成佛 ─ ●

성불(成佛), 드디어 나의 원에 의해 다른 중생들도 부처의 경지에 같이 오르는 것입니다. 석가모니 부처님도 역시 이 같은 생각으로 교화를 시작하셨을 것입니다. '내가 부처를 이뤘으니 모든 중생들도 나와 같은 지위에 이르게 하리라. 그리하여 고해의 바다를 건너 일체의 번뇌가 사라진 열반의 경지에 이르게 하리라.' 사람이 할 수 있는 생각 중에 이보다 더 큰 생각은 없을 것입니다.

《천수경》에서는 석가모니뿐만 아니라, 이 경을 읽는 사람은 응당 이런 마음을 내야 한다고 가르치고 있습니다.

여래십대발원문 如來十大發願文

| 부처님께 열 가지 큰 원을 세웁니다 |

왕초보 천수경박사 되다

십대원 十大願 —●

이미 십악 참회를 하고 불 · 보살님께 찬탄과 귀의를 하였으니, 지금은 본격적인 열 가지 바라는 바를 밝히고 그것이 성취되기를 다짐하는 의미가 있습니다.

원아영리삼악도 願我永離三惡道

| 제가 삼악도에 떨어지지 않길 바라며 |

삼악도 三惡道 —●

삼악도(三惡道)는 육도 윤회의 여섯 가지 세계 중 가장 가혹한 죄업의 과보로 떨어지게 된다는 지옥 · 아귀 · 축생의 세 곳을 말합니다.

여러분은 이미 《천수경》을 읽었고 발원문까지 하였으니, 사후에 삼악도에 떨어져 고통 받는 일은 없을 것입니다.

원아속단탐진치 願我速斷貪瞋癡

| 제가 탐 · 진 · 치를 속히 끊도록 하시며 |

탐진치 貪瞋癡 — ●

탐 · 진 · 치는 탐내고 화내며 어리석은 것으로, 수행의 큰 장애이기에 삼독(三毒)이라고 말씀드렸습니다.

원아상문불법승 願我常聞佛法僧

| 제가 항상 불법을 듣기를 원하며 |

불법승 佛法僧 — ●

불 · 법 · 승은 삼보(三寶)라고 하여 가장 귀중한 신도들의 귀의처를 뜻합니다.

《천수경》의 마지막에 또 나오니 그때 설명 드리겠습니다.

원아근수계정혜 願我勤修戒定慧

| 제가 계 · 정 · 혜를 부지런히 닦으며 |

계정혜 戒定慧 — ●

계 · 정 · 혜는 삼학(三學)이라고 이미 설명 드렸습니다.

계와 율을 합쳐서 계율(戒律)이라는 용어가 있는데, 계

왕초보 천수경박사 되다

는 수행자 개인이 지켜야 할 덕목이고, 율은 무리를 이룬 집단인 대중이 지켜야 할 도리를 말하는 것입니다.

출가 집단인 승가는 계와 율이 같이 지켜져야 하고, 여러분은 율보다는 계를 지키는 데 신경 쓰시면 된다는 말씀입니다.

원아항수제불학 願我恒隨諸佛學

| 제가 모든 부처님의 가르침을 항상 익히며 |

제불학 諸佛學 ─ ●

제불학(諸佛學)은 모든 부처님이 가르치시는 바를 뜻합니다. 과거의 부처님도 설했고, 석가모니도 설했고, 미래의 부처님도 역시 설하실 모든 법을 다 익혀 배우겠다는 다부진 발원인 것입니다.

원아불퇴보리심 願我不退菩提心

| 제가 깨달음을 구하는 마음 물러서지 않으며 |

보리심 菩提心 —●

보리가 깨달음을 지칭하는 말이니, 보리심은 깨달음을 구하고자 하는 마음을 뜻하는 것입니다. 한편으로 보리심은 보살로서 중생을 구제하겠다는 '상구보리 하화중생'의 마음이라고 할 수도 있습니다.

원아결정생안양 願我決定生安養

| 제가 반드시 안양에 태어나며 |

안양 安養 —●

안양(安養)은 안양정토(安養淨土) 혹은 극락정토(極樂淨土)와 같은 말입니다.

극락과 같은 곳인 안양에 태어나길 발원하는 의미는, 그곳에 태어나면 아미타불의 설법을 듣고 깨달음과 성불이 보장되기 때문입니다.

원아속견아미타 願我速見阿彌陀

| 제가 속히 아미타 부처님을 친견하오며 |

아미타 阿彌陀 ― ●

아미타는 아미타불의 본래 이름이나 운율을 맞추기 위해 '아미타'라고 한 것입니다.

아미타불은 극락세계에 계신다는 부처님을 말하니, '안양'에서 중생을 구제하시는 부처님이라고 말할 수 있습니다. 아미타불의 폭넓은 개념에 대해선 이미 말씀드렸습니다.

원아분신변진찰 願我分身遍塵刹

| 제 몸이 티끌처럼 나누어져서 |

분신 分身 ― ●

분신(分身)은 몸이 여럿으로 나뉘는 것인데, 관세음보살의 32응신이나 천백억 화신 석가모니불이 모두 이 분신에 속합니다.

즉 중생을 제도하기 위한 방편으로 다양한 몸이 필요하니, 내 몸도 티끌처럼 분신이 되어 중생을 이익 되게 하겠다는 말입니다.

원아광도제중생 願我廣度諸衆生

| 그 몸 하나하나로 모든 중생을 제도하길 원합니다 |

중생 衆生 — ●

중생(衆生)은 불교에서만 쓰는 특별한 용어라고 해도 과언이 아닙니다. 중생은 인간뿐만 아니라 생명이 있는 모든 동물을 일컫는 말입니다.

출가를 해 승가의 일원이 되어도 당연히 중생인데, 요즘 출가자들은 계를 받아 스님이 되면 자신은 중생이 아니라 중생에서 격상된 '스님'이라는 잘못된 생각에 빠져 신도들에게 대접부터 받으려는 경우가 더러 있습니다.

발사홍서원 發四弘誓願

| 네 가지 서원을 세웁니다 |

《천수경》의 마무리 부분에 해당되는 '사홍서원'과 '귀명례삼보'는 한국불교에서 모든 법회 의식에서 염송됩니다. '삼귀의'는 법회를 시작할 때, '사홍서원'은 법회를 마

칠 때, 참석자들이 부처님 전에 합장하고 다짐하며 필수적으로 염송합니다.

그러므로 대승불교의 시작과 끝이라 해도 과언이 아닌, 아주 핵심적인 가치가 있는 것입니다.

두 가지 다 속뜻은 '여래십대발원문'과 상통한다고 생각해도 무방합니다. 그렇기에 제 설명도 앞의 것으로 충분하다고 여겨집니다.

서원 誓願 — ●

서원(誓願)은 보살이 중생을 구제하고자 일으키는 원을 말하는데, 중생이 개인의 이익을 추구하며 원하는 자리(自利)의 원과 대비되는 것이 서원입니다. 예를 들면 아미타불은 법장비구로서 48가지 서원을 세웠고, 약사보살은 중생을 구원하겠다는 12가지 서원을 세웠습니다.

중생무변서원도 衆生無邊誓願度

| 중생이 끝이 없어도 모두 제도할 것이며 |

번뇌무진서원단 煩惱無盡誓願斷

| 한없는 번뇌를 모두 끊을 것이며 |

법문무량서원학 法門無量誓願學

| 불법이 한없어도 모두 배울 것이며 |

불도무상서원성 佛道無上誓願成

| 위없는 불도를 이루겠나이다 |

이 네 가지가 부처님께 중생을 위해 세우는 큰 서원입니다. 이어지는 네 가지는 구제해야 할 중생에 나를 포함시켜 다시 다짐하는 내용입니다.

자성중생서원도 自性衆生誓願度

| 내 마음의 중생을 제도하길 원하며 |

자성번뇌서원단 自性煩惱誓願斷

| 내 마음의 번뇌를 끊기를 원하며 |

왕초보 천수경박사 되다

자성법문서원학 自性法門誓願學

| 내 마음의 법문을 다 배우길 원하며 |

자성불도서원성 自性佛道誓願成

| 내 마음의 불도를 이루기를 원합니다 |

발원이 귀명례삼보 發願已歸命禮三寶

| 발원을 마치고 삼보께 귀의합니다 |

나무 상주 시방불 南無常住十方佛

| 시방에 항상 계신 부처님께 귀의합니다 |

시방불 十方佛 ─ ●

시방은 곧 아니 계신 곳이 없는 부처님이라는 뜻으로 붙인 것입니다.

불·법·승 삼보에 대해서는 《천수경》의 본문에서 여러 번 언급했습니다. 말 그대로 불교의 세 가지 보물이라는 뜻에서 삼보라 한 것입니다.

삼보 중 으뜸인 불(佛)은 부처님을 가리킨다는 것은 다

아실 것입니다. 역사적으로 실재하셨던 고타마 싯다르타가 출가하여 궁극적인 깨달음을 성취하였고, 그분을 석가모니불이라고 부르기 시작한 것입니다. 작은 의미로는 석가모니불을 뜻하고, 큰 의미로는 법신불·화신불은 물론 보살들도 이 불(佛)의 개념에 포함되는 것입니다.

나무 상주 시방법 南無常住十方法

| 시방에 항상 계신 불법에 귀의합니다 |

시방법 十方法 —●

법(法)은 부처님께서 중생들을 깨달음에 이르게 하기 위해 설하신 모든 내용을 말합니다. 그것은 공간적으로도 제한이 없기에 시방법이라고 하는 것입니다.

다른 의미에서 살피면, 내가 법을 듣거나 구하기를 원한다면 어디서건 익힐 수 있는 것이 법이라는 해석도 가능합니다. 석가모니께서 열반에 드시기 전 제자들이 '이제는 무엇으로 수행의 근본을 삼아야 합니까?'라고 물었을 때, 부처님의 대답은 '법등명(法燈明) 자등명(自燈明)', 즉 법에 의지하고 자신 스스로에 의지하라고 당부하셨습니다.

왕초보 천수경박사 되다

법보다 스님을 믿는 것을 불교의 우선으로 삼는 사람들은, 부처님 말씀대로라면 불교를 잘못 믿고 있는 것이 됩니다.

나무 상주 시방승南無常住十方僧

| 시방에 항상 계신 승가에 귀의합니다 |

시방승十方僧 — ●

승(僧)은 잘못 해석하면 오해의 소지가 있는 말입니다.

법회 시 우리말로 암송할 때 '거룩한 스님들께 귀의합니다'라고 하는데, 승(僧)의 당사자 중 하나인 저로서는 참 낯간지러운 일입니다. 승은 스님들의 집단인 승가 자체에 귀의한다는 뜻이지, 개개인의 스님을 지칭하는 말은 아닙니다.

승가는 산스끄리뜨어 상가(sangha)에서 비롯된 용어인데, 불법을 중심으로 화합된 무리[和合衆]라는 뜻입니다. 이 화합된 무리의 구성원은 남자 스님, 여자 스님, 남자 신도, 여자 신도의 네 부류를 모두 아우르는 형태를 갖춘 것입니다. 그런데 어느 때부터인지는 몰라도 남·녀 신도를 제외한 스님들만 지칭하는 의미로 변질되고 말았습니다. 본래의 의미대로 풀면 불교신도는 모두 당당히 '승'에 속하는 것이 원칙입니다.

제 엉터리 《천수경》 해설을 끝까지 읽어주신 인내심 깊은 불자라면, 이제부터라도 삼귀의의 이 대목을 염송할 때 '나도 포함된다'고 우쭐해하셔도 됩니다.

그도 그럴 것이 스님들은 '중생이 곧 부처다', '네 마음 속에 부처님의 종자인 불성이 있다'고 귀가 닳도록 말씀하시니, 내가 내 마음속의 부처님께 귀의한다는 확신으로 삼귀의를 하신다면 여러분은 이제 《천수경》 박사가 된 것입니다.

4장

독송용 천수경

독송용 천수경

정구업진언 淨口業眞言

수리 수리 마하수리 수수리 사바하 (3번)

오방내외안위제신진언 五方內外安慰諸神眞言

나무 사만다 못다남 옴 도로도로 지미 사바하 (3번)

개경게 開經偈

무상심심미묘법(無上甚深微妙法)
백천만겁난조우(百千萬劫難遭遇)

아금문견득수지(我今聞見得受持)

원해여래진실의(願解如來眞實意)

개법장진언 開法藏眞言

옴 아라남 아라다 (3번)

천수천안 관자재보살 광대원만 무애대비심 대다라니 계청 千手千眼觀自在菩薩廣大圓滿無碍大悲心大陀羅尼 啓請

계수관음대비주(稽首觀音大悲主)

원력홍심상호신(願力弘深相好身)

천비장엄보호지(千臂莊嚴普護持)

천안광명변관조(千眼光明遍觀照)

진실어중선밀어(眞實語中宣密語)

무위심내기비심(無爲心內起悲心)

속령만족제희구(速令滿足諸希求)

영사멸제제죄업(永使滅除諸罪業)

천룡중성동자호(天龍衆聖同慈護)

백천삼매돈훈수(百千三昧頓薰修)

왕초보 천수경박사 되다

수지신시광명당(受持身是光明幢)

수지심시신통장(受持心是神通藏)

세척진로원제해(洗滌塵勞願濟海)

초증보리방편문(超證菩提方便門)

아금칭송서귀의(我今稱誦誓歸依)

소원종심실원만(所願從心悉圓滿)

나무대비관세음(南無大悲觀世音)

원아속지일체법(願我速知一切法)

나무대비관세음(南無大悲觀世音)

원아조득지혜안(願我早得智慧眼)

나무대비관세음(南無大悲觀世音)

원아속도일체중(願我速度一切衆)

나무대비관세음(南無大悲觀世音)

원아조득선방편(願我早得善方便)

나무대비관세음(南無大悲觀世音)

원아속승반야선(願我速乘般若船)

나무대비관세음(南無大悲觀世音)

원아조득월고해(願我早得越苦海)

나무대비관세음(南無大悲觀世音)

원아속득계정도(願我速得戒定道)

나무대비관세음(南無大悲觀世音)

원아조등원적산(願我早登圓寂山)

나무대비관세음(南無大悲觀世音)

원아속회무위사(願我速會無爲舍)

나무대비관세음(南無大悲觀世音)

원아조동법성신(願我早同法性身)

아약향도산(我若向刀山)

도산자최절(刀山自摧折)

아약향화탕(我若向火湯)

화탕자소멸(火湯自消滅)

아약향지옥(我若向地獄)

지옥자고갈(地獄自枯渴)

아약향아귀(我若向餓鬼)

아귀자포만(餓鬼自飽滿)

아약향수라(我若向修羅)

악심자조복(惡心自調伏)

아약향축생(我若向畜生)

자득대지혜(自得大智慧)

나무관세음보살마하살(南無觀世音菩薩摩訶薩)

나무대세지보살마하살(南無大勢至菩薩摩訶薩)

나무천수보살마하살(南無千手菩薩摩訶薩)

나무여의륜보살마하살(南無如意輪菩薩摩訶薩)

나무대륜보살마하살(南無大輪菩薩摩訶薩)

나무관자재보살마하살(南無觀自在菩薩摩訶薩)

나무정취보살마하살(南無正趣菩薩摩訶薩)

나무만월보살마하살(南無滿月菩薩摩訶薩)

나무수월보살마하살(南無水月菩薩摩訶薩)

나무군다리보살마하살(南無軍茶利菩薩摩訶薩)

나무십일면보살마하살(南無十一面菩薩摩訶薩)

나무제대보살마하살(南無諸大菩薩摩訶薩)

나무본사아미타불(南無本師阿彌陀佛) (3번)

신묘장구대다라니 神妙章句大陀羅尼

나모 라다나 다라야야 나막 알약 바로기제새바라야 모지
사다바야 마하 사다바야 마하 가로니가야 옴 살바 바예수
다라나 가라야 다사명 나막 까리다바 이맘 알야 바로기제새

바라 다바 니라간타 나막 하리나야 마발다 이사미 살발타
사다남 수반 아예염 살바 보다남 바바말아 미수다감 다냐타
옴 아로게 아로가 마지로가 지가란제 혜혜 하례 마하모지
사다바 사마라 사마라 하리나야 구로 구로 갈마 사다야 사
다야 도로 도로 미연제 마하 미연제 다라 다라 다린 나례 새
바라 자라 자라 마라 미마라 아마라 몰제 예혜혜 로계 새바
라 라아 미사 미나사야 나베사 미사 미나사야 모하 자라 미
사 미나사야 호로 호로 마라 호로 하례 바나마 나바 사라사
라 시리시리 소로소로 못자못자 모다야 모다야 매다리야 니
라간타 가마사 날사남 바라하라나야 마낙 사바하 싯다야 사
바하 마하싯다야 사바하 싯다유예 새바라야 사바하 니라간
타야 사바하 바라하 목카 싱하 목카야 사바하 바나마 하따
야 사바하 자가라 욕다야 사바하 상카 섭나 녜모다나야 사
바하 마하 라구타 다라야 사바하 바마 사간타 이사 시체다
가릿나 이나야 사바하 먀가라 잘마 이바사나야 사바하

「나모 라다나 다라야야 나막 알야 바로기제새바라야 사
바하」(3번)

왕초보 천수경박사 되다

사방찬四方讚

일쇄동방결도량(一灑東方潔道場)

이쇄남방득청량(二灑南方得淸凉)

삼쇄서방구정토(三灑西方俱淨土)

사쇄북방영안강(四灑北方永安康)

도량찬道場讚

도량청정무하예(道場淸淨無瑕穢)

삼보천룡강차지(三寶天龍降此地)

아금지송묘진언(我今持誦妙眞言)

원사자비밀가호(願賜慈悲密加護)

참회게懺悔偈

아석소조제악업(我昔所造諸惡業)

개유무시탐진치(皆由無始貪瞋癡)

종신구의지소생(從身口意之所生)

일체아금개참회(一切我今皆懺悔)

참제업장십이존불 懺除業障十二尊佛

나무 참제업장보승장불(南無懺除業障寶勝藏佛)

보광왕화렴조불(寶光王火炎照佛)

일체향화자재력왕불(一切香火自在力王佛)

백억항하사결정불(百億恒河沙決定佛)

진위덕불(振威德佛)

금강견강소복괴산불(金剛堅强消伏壞散佛)

보광월전묘음존왕불(寶光月殿妙音尊王佛)

환희장마니보적불(歡喜藏摩尼寶積佛)

무진향승왕불(無盡香勝王佛)

사자월불(獅子月佛)

환희장엄주왕불(歡喜莊嚴珠王佛)

제보당마니승광불(帝寶幢摩尼勝光佛)

십악참회 十惡懺悔

살생중죄금일참회(殺生重罪今日懺悔)

투도중죄금일참회(偸盜重罪今日懺悔)

사음중죄금일참회(邪淫重罪今日懺悔)

망어중죄금일참회(妄語重罪今日懺悔)

기어중죄금일참회(綺語重罪今日懺悔)

양설중죄금일참회(兩舌重罪今日懺悔)

악구중죄금일참회(惡口重罪今日懺悔)

탐애중죄금일참회(貪愛重罪今日懺悔)

진에중죄금일참회(瞋恚重罪今日懺悔)

치암중죄금일참회(癡暗重罪今日懺悔)

백겁적집죄(百劫積集罪)

일념돈탕제(一念頓蕩除)

여화분고초(如火焚枯草)

멸진무유여(滅盡無有餘)

죄무자성종심기(罪無自性從心起)

심약멸시죄역망(心若滅時罪亦亡)

죄망심멸양구공(罪亡心滅兩俱空)

시즉명위진참회(是則名爲眞懺悔)

참회진언 懺悔眞言

옴 살바 못자 모지 사다야 사바하 (3번)

준제공덕취(准提功德聚)

적정심상송(寂靜心常誦)

일체제대난(一切諸大難)

무능침시인(無能侵是人)

천상급인간(天上及人間)

수복여불등(受福如佛等)

우차여의주(遇此如意珠)

정획무등등(定獲無等等)

나무칠구지불모대준제보살(南無七俱胝佛母大准提菩薩)

(3번)

정법계진언 淨法界眞言

옴 남 (3번)

호신진언 護身眞言

옴 치림 (3번)

관세음보살본심미묘육자대명왕진언 觀世音菩薩本心微妙六字大明王眞言

옴 마니 반메 훔 (3번)

준제진언 准提眞言

나무 사다남 삼먁삼못다 구치남 다냐타 옴 자례 주례 준제 사바하 부림 (3번)

아금지송대준제(我今持誦大准提)
즉발보리광대원(卽發菩提廣大願)
원아정혜속원명(願我定慧速圓明)
원아공덕개성취(願我功德皆成就)
원아승복변장엄(願我勝福遍莊嚴)
원공중생성불도(願共衆生成佛道)

여래십대발원문 如來十大發願文

원아영리삼악도(願我永離三惡道)
원아속단탐진치(願我速斷貪瞋癡)

원아상문불법승(願我常聞佛法僧)

원아근수계정혜(願我勤修戒定慧)

원아항수제불학(願我恒隨諸佛學)

원아불퇴보리심(願我不退菩提心)

원아결정생안양(願我決定生安養)

원아속견아미타(願我速見阿彌陀)

원아분신변진찰(願我分身遍塵刹)

원아광도제중생(願我廣度諸衆生)

발사홍서원 發四弘誓願

중생무변서원도(衆生無邊誓願度)

번뇌무진서원단(煩惱無盡誓願斷)

법문무량서원학(法門無量誓願學)

불도무상서원성(佛道無上誓願成)

자성중생서원도(自性衆生誓願度)

자성번뇌서원단(自性煩惱誓願斷)

자성법문서원학(自性法門誓願學)

자성불도서원성(自性佛道誓願成)

발원이 귀명례삼보 發願已歸命禮三寶

나무상주시방불(南無常住十方佛)

나무상주시방법(南無常住十方法)

나무상주시방승(南無常住十方僧) (3번)

성법스님

동국대학교 불교대학원을 수료하고, 대한불교조계종 용화사 주지로 있으면서 초기불교에서
주요 대승경전의 다양한 해설까지 아우르는 방대한 자료의 장(場)인 불교경전총론 세존사이
트(www.sejon.or.kr)를 운영하고 있다. 또 2017년 설립한 세존학술연구원 원장으로 세계불교 학
술명저 번역 출간 불사(세존학술총서 출간)에 심혈을 기울이고 있다.
저서로 『이래도 모르시겠습니까』, 『이판사판 화엄경』, 『마음 깨달음 그리고 반야심경』, 『생
각의 끝에도 머물지 말라-성법 스님의 까칠한 불교 이야기』, 『그래도 불교』 등 다수가 있다.

· E-mail : sungbeop@gmail.com

왕초보, 천수경박사 되다

초판 1쇄 발행 | 2008년 12월 20일
초판 6쇄 발행 | 2021년 10월 1일

글쓴이 | 성법스님
펴낸이 | 윤재승
펴낸곳 | 민족사

주간 | 사기순
기획편집팀 | 사기순, 최윤영
영업관리팀 | 김세정
본문 및 표지디자인 | 김형조

등록 | 1980년 5월 9일(등록 제1-149호)
주소 | 서울시 종로구 삼봉로 81 두산위브파빌리온 1131호
전화 | 02)732-2403~4
팩스 | 02)739-7565
E-mail | minjoksabook@naver.com
홈페이지 | www.minjoksa.org

ISBN 978-89-7009-424-3   03220